U0730053

工程项目冲突管理

◎ 唐冰松　著 ◎

中国建筑工业出版社

图书在版编目（CIP）数据

工程项目冲突管理 / 唐冰松著. — 北京：中国建筑工业出版社，2019.6

ISBN 978-7-112-23734-0

Ⅰ.①工… Ⅱ.①唐… Ⅲ.①工程项目管理 Ⅳ.① F284

中国版本图书馆CIP数据核字（2019）第089825号

　　工程项目冲突管理是项目管理的重要内容。本书的主要内容包括冲突与冲突管理、工程项目冲突概况、发包方与承包方之间的冲突、监理方与承包方之间的冲突、发包方与监理方之间的冲突、总包方与分包方之间的冲突、项目冲突与绩效等七章内容。

　　各章内容均由理论介绍和实际案例组成，并在部分案例后附有插图，书中内容简明通俗易懂。可供普通高等学校工程项目管理及其他相关专业的师生使用，也可以作为项目管理人员业务学习的参考用书。

责任编辑：封　毅　张瀛天
版式设计：京点制版
责任校对：王　烨

工程项目冲突管理

唐冰松　著

*

中国建筑工业出版社出版、发行（北京海淀三里河路9号）

各地新华书店、建筑书店经销

北京点击世代文化传媒有限公司制版

天津翔远印刷有限公司印刷

*

开本：787×1092毫米　1/16　印张：17½　字数：267千字

2019年8月第一版　2019年8月第一次印刷

定价：58.00元

ISBN 978-7-112-23734-0

（34012）

序

　　工程项目建设过程中始终伴随着矛盾和冲突。现今工程业界在处理各种复杂冲突问题时，往往依赖个人经验和感性认识，难以获得令人满意的冲突管理效果。

　　本书作者在企业界和咨询界的多年工程项目管理工作中善于观察、思考和研究，积累了丰富的项目管理经验，尤其擅长处理各种各样的冲突问题。在每一个工程项目的管理过程中，不仅潜心研究，还注意收集个案资料，并通过写作将所思所想形成了一系列与工程管理相关的论文，发表于学术期刊上。

　　本书是作者多年工程管理实践和研究工作的提炼，是已发表论文和将要发表论文的集成，是工程管理领域中一本不可多得的关于工程项目冲突管理方面的理论著作。该书重点以发包方、监理和承包方这三方冲突主体之间的冲突为切入点展开，以案例集锦的形式详解各类冲突及其管理对策。本书的每一个重要知识点穿插了实际案例，既有助于理解又增强了生动性，既为工程项目冲突管理的理论研究提供了重要参考，又为业界的项目管理人员提供了冲突管理解决方案。

　　《工程项目冲突管理》凝聚了作者多年从事项目冲突管理的感悟、经验和智慧，是现代工程项目管理研究和应用中一项颇具特色的研究成果。愿此书能够从一个新的视角为企业工程项目运作提供指导，为学界的工程项目冲突管理研究提供一种新的理论框架，为提高我国工程项目管理水平做出贡献。

李南

南京航空航天大学教授、博士生导师

2019 年 5 月 22 日

前　言

冲突在工程项目建设过程中较为常见，这些冲突无论对项目，还是对各方而言都造成了不小的影响。冲突的发生时刻威胁着项目和各方的利益。因此，研究实际项目中的各种冲突，并有针对性对其进行管理具有现实意义，也是业界亟需解决的问题。

由于现今关于冲突管理方面的研究大多以评论性文章为主，涉及的内容较为零散，缺少用于系统指导冲突管理实践的书籍。本书的作者从事工程项目冲突管理实务工作多年，积累了丰富的实战经验，为了总结冲突管理过程中好的做法，作者从冲突管理实务出发，聚焦于项目全寿命周期内的冲突问题，通过本书的介绍，为读者全面展现工程项目冲突管理全过程，集中反映各利益相关方的策略取向。

全书共分为7章，内容包括冲突与冲突管理、工程项目冲突概况、发包方与承包方之间的冲突、监理方与承包方之间的冲突、发包方与监理方之间的冲突、总包方与分包方之间的冲突、项目冲突与绩效等。本书全面描述了发包方、监理方和承包方之间冲突形成的原因、表现形式与应对策略，以案例集锦的形式生动阐述了冲突发生的真实场景。案例的加入不仅有助读者加深理解本书的理论知识，还能进一步引导读者思考冲突应如何管理才能取得更大收益。

本书可以作为高等院校项目管理专业师生的参考用书，也可以作为工程业界咨询工程师、监理工程师、建造师、造价工程师和建筑企业高级管理人员的参考用书，还可以用于工程技术人员继续教育。

本书的出版得到了浙江广厦建设职业技术学院的全额资助，中国建筑工业出版社的封毅和张瀛天编辑为本书的出版付出了辛勤的劳动，在此表示感谢。

由于本书在写作过程中，可以借鉴的理论书籍并不多，文笔水平有限，存在一些谬误之处在所难免，恳请广大读者批评指正。

作者

2019 年 5 月 21 日

目　录

第三章　发包方与承包方之间的冲突

第七章　项目冲突与绩效

第一章

冲突与冲突管理

社会生活中的冲突现象无处不在。大到国家之间的冲突、公司之间的冲突，小到上下级冲突、家庭成员冲突，各个层级的冲突在日常生活中都客观存在，任何人都会碰到各种各样的冲突。鉴于冲突的客观性和普遍性，认识冲突、了解冲突也成了一个普通公民应该掌握的知识。什么是冲突？冲突具有什么样的特征，如何定义冲突，工程建设领域冲突相较于其他领域的冲突又有何特点？在工程项目领域的冲突持续高发的今天，广大工程技术人员都需要认真面对和解决这些问题，研究工程项目冲突具有重要的现实指导意义。

第一节　冲突的定义和基本特征

冲突的定义在不同专业领域内有不同的理解。管理学认为广义上的冲突是指一种过程，即一方感觉到另一方对自己所关心的事情产生了不利影响或即将产生不利影响时，双方的对立就开始了。它描述了从相互作用直到相互对立的各种活动，包括目标不一致、对事实解释存在分歧或者对行为预期的不一致等。狭义上可以将这种对立归结为所有冲突水平，从公开的暴力活动到微妙的意见不一致，都属于冲突范畴。此外，有观点认为冲突是基于各方的敌对情绪引起的，涉及两个或多个参与方，由于目标的不同和利益分配的不合理，引起各相关方意图支配对方的欲望与敌对情绪；也有观点认为这是基于各方互相排斥的心理所引起的，体现参与方在客观结果上的期望值或处理方式的不同，从而引起双方在心理上和行为上产生对立的过程。

心理学的解释是指两个或两个以上相互对立且同时存在而又处于矛盾中的心理状态，主要包括内部需要与外部限制之间的矛盾、外部需要和内部限制之间的矛盾等多个方面。心理学领域常见的选择性冲突，主要是指两种选择存在选择性的盲区，表现为两种选择均难以预测选择后的得益，或者一种能确定选择得益，而另外一种选择难以确定得益是否优于第一种选择，进而产生矛盾。

社会学领域对冲突的定义是一场争夺价值以及稀有地位、权利和资源的斗争，敌对双方的目标是压制、伤害，甚至是消灭对方，是人与人之间、群体与群体之间激烈对立的社会互动方式和过程。

文艺学领域的解释是指现实生活中人们的立场观点、思想感情、理想愿望及利益等方面的不同而产生的斗争在艺术作品上的反映，既包括人物与周围环境的斗争，又包括特定环境下人物自身的矛盾。冲突构成了文艺作品的基础，是推动作品能够发生和发展的基本元素。

组织行为学认为冲突是指个人或群体内部、个人与个人之间、个人与群体之间、群体与群体之间互不相容的目标、认识或感情，并引起对立或不一致的状态。冲突的定义表现为多个单位之间的斗争。单位可以是个人、群体；群体可以是国家、企业，甚至是家庭或其他社会组织形式，强调的是不同单位之间的冲突。

国内外诸多研究冲突的专家给出的定义也各不相同。

国内主流的观点可以归纳为：冲突是一种行为，认为冲突发生在个人或团体之间，是基于某种目的而形成的不同形式的相互对立行为；冲突是一种知觉，冲突的双方能够感知对方差异的存在，且这种差异影响了自己的预期利益；冲突是一种互动过程，只有在对方行为基础上才能实现自己的预期利益，而恰恰对方的行为不符合自己的预期或对自己的预期利益造成可预见的损害。

国外学者克莱斯伯格认为冲突是一种状态，冲突各方有不相容的目标并且互相竞争；美国学者罗宾斯在其著作《组织行为学》中曾写到"冲突是一种过程，这种过程肇始于一方感觉到另一方对自己关心的事情产生消极影响或即将产生消极影响"；托马斯认为冲突是一方感受到了另一方损害或者打算损害自己利益时所开始的一个过程。

既然冲突属于普遍的社会现象，且存在于几乎任何一个人文社科专业领域。因此，应该接受不同专业领域对冲突问题的不同解读。但总体来说，所有关于冲突的定义可以包含以下几个不可或缺的元素：

（1）双方存在意见的对立或不一致；

（2）这种分歧能够被感知；

（3）双方利益的实现必须借助于持续的互动，并能感知对方的潜在行为会影响自己的预期利益。冲突的发生必然存在两个或两个以上主体，主体之间存在利益方面的相互关系，而且双方之间存在根本性的分歧。冲突表现在双方的立场观点互不妥协，且难以达成一致，形成事实上的短期对抗，这种对抗不仅不利于双方的合作事务推进，而且还会影响到双方对预期目标的实现。与对冲突所包含的基本特征取得一致性共识不同的是，对冲突结果的认识却经历了一个曲折的过程，从早期的冲突有害论，到著名的德国社会学家科塞提出的冲突功能的两面性，即冲突的正面功能和负面功能，至此，人们对冲突功能的认识有了更为全面的认知。此外，还需对冲突进行有效的控制，尽量控制冲突的负面功能所产生的不利影响；

综合以上论述，除了上述冲突具备的三个基本元素外，冲突还具备以下特征：

（4）冲突应至少包含两个及以上的主体；

（5）冲突有潜伏和发展的过程；

（6）冲突功能具有两面性；

（7）一定范围内的可控性。冲突发生后，可以对冲突进行有效的干预，防止冲突发生不可控的升级，同时使激烈对抗下的冲突适时降温；

但冲突已造成的影响短期内难以消除，甚至从长期来看，也会影响到最终的目标的实现，因此，冲突特征还包括：

（8）升级和缓和的可能性；

（9）效应的不可逆性；

（10）短期效应和长期效应并存的复杂性。

冲突的主体是指冲突的当事方，冲突的客体是指冲突的对象，因何产生冲突。冲突的主体可以是国家、组织或个人，客体可以是利益、权利、资源、目标、方法、意见、价值观、感情、程序、信息或关系等，类别繁多。某次冲突中，冲突的主体是相对稳定的，但冲突的客体在一次冲突中可以是不变的，也可以是变化的，可以由某一客体变为另一客体，也可以由单一客体变为多个客体同时存在的情况。如果冲突逐渐演化和升级，冲突的主体可能会相应的变化，冲突则变得更加复杂，冲突可能由单一层次逐渐演变为多个层次共存的情况。因此，认识了解冲突需抓住冲突在某一时刻的主体和客体，弄清冲突的基本情况是做好冲突管理的基本前提。

案例1-1

某市要拆除开发区地块内所有工业和民用建筑，准备明年年底兴建一条高速公路，在拆迁红线范围内有一幢7层高，总计有50户居民的居民楼。当地政府下达通知，告知该居民楼内居民要在当年年底前完成拆迁赔偿搬迁工作，并附有《某市开发区居民拆迁安置办法》（以下简称《办法》）。《办法》规定辖区内居民房拆迁按照每平方米3000元进行赔偿，或者按照已有经济适用房进行等面积置换，居民可以按任一方案进行补偿。

拆迁办的工作人员按照程序对拆迁方案进行了宣传发动工作。2个月后，拆迁合同有序签订，当大部分住户均已签订合同后，该楼住户之一陈某对拆迁合同提出异议，认为该拆迁合同中经济适用房位置偏僻，不利于他们的日常工作和生活，而补偿条款金额过低，难以在市内购买一套商品房，于是拒绝接受签订该拆迁合同，同时要求追加赔偿金额。拆迁办的工作人员认为，拆迁合同是依据《办法》制定的，对楼内所有居民是一视同仁的，断然拒绝陈某的请求。见陈某迟迟未签订合同，拆迁办的工作人员多次上门做工作，对陈某动之以情、晓之以理，陈某始终以家庭困难为由拒绝签订拆迁合同，除非政府同意其提出的要求。双方一直就此事未达成一致协议，直到年底，眼看要到了签订合同的最后期限，拆迁办的上级主管部门针对目前已签订合同的进程，给拆迁办施加了较大的压力，限期拆迁办在一个月内解决陈某的问题。压力之下，拆迁办工作人员私下与陈某签订安置协议，将补偿标准提高到每平方米5000元，并承诺一个月内完成合同签订和搬迁工作。

不久，由于拆迁办的工作人员工作失误，将陈某的合同泄露出去了，并在当地的论坛内疯传。很快，楼内其他已签订合同的居民向拆迁办联名发出抗议，要求拆迁办就此事做出解释，并要求撤销已签订的合同，同时在楼内聚集，拒绝撤离。当地建设主管部门和拆迁办相关工作人员迅速做出反应，对情绪激动的住户进行解释和安抚，并适当提高补偿标准。从发布宣传工作直至彻底完成拆迁工作，比原计划整整推迟了一年。至此，高速公路的开工时间比原计划推迟了一年开工，极大地影响了开发区内的建设工作。

本案例前一阶段冲突的主体是拆迁办和陈某，客体是房屋拆迁补偿方案，拆迁工作需在双方的持续互动下才能完成，开始陈某就拆迁方案未达成一致，存在根本性分歧，双方对立情绪严重。为了解决陈某的诉求，官方采取了非正当的方式对此事进行处理，并做出让步，同意在原补偿方案的基础上给予陈某实质上的额外优惠，结果是双方的冲突形势得到了缓和。随后的一次意外事件，引发了第二次冲突。这次冲突的主体变为已签订拆迁合同住户与当地城建主管部门、拆迁办等官方机构，冲突进一步升级，规模较上一次也有所扩大。冲突的客体变为赔偿标准不一，存在区别对待的情况，出现住户情绪激动、不愿撤离居民楼等过激行为，冲突的强度、烈度及影响力都有所提高。虽然最终拆迁工作完成了，但开工时间比预定工期延后了一年，不仅在拆迁过程中投入了更高的成本，而且高速公路的投入使用也推迟了一年，对开发区的开发建设形成了较大的影响。官方为解决陈某诉求所采用的非正当管理手段最终为解决随后发生的大规模冲突，付出了更高的代价。

第二节 冲突的来源和分类

一、冲突来源分析

产生冲突的原因很多，一切能引起双方意见对立和不一致的因素皆可以作为冲突产生的来源。根据已有的研究,可以将冲突的来源分为个体特征、沟通、组织结构、权力、利益、目标以及客观事件等几个方面。这几个因素属于引起冲突的经常性因素，绝大多数引起冲突的原因基本涵盖了以上几个方面。下面对以上几个因素如何引起冲突给出详细的分析。

1. 个体特征

每个人都有自己独特的出身、教育和生活工作经历，对客观世界的认识都有自己的看法和认识。因此，每个人对某一问题有其独特的认识在日常生活中属于非常正常的现象，这就涉及合作的双方对共同目标的认识是否能达成一致这样的现实问题了。如果双方能够就某一问题能达成一致，双方就不会产生冲突；反之，双方就会产生冲突。双方能否对某一问题达成一致，决定性因素除了客观的逻辑和专业知识外，还取决于个性、价值观这些受个体特征影响较大的因素以及双方合作过程中所涉及的个人目标和角色等因素。

2. 沟通

沟通是信息交换的过程，信息沟通充分能有效地避免冲突和摩擦。而合作的双方信息沟通受阻，主要可能由以下几个因素造成的：①传递信息者对信息缺乏真正的理解，或者信息本身就是模糊的，造成接收者收到的信息是模糊的或是曲解的。②信息传播是客观的、准确的，可是信息接收者由于自身的原因对信息的理解与信息传播者相比，出现了偏差，可以解释为信息传播的失真现象。③合作的双方因某种原因产生了偏见和互不信任，于是对信息传播和接收产生了较大的偏差，甚至信息的接收者对信息的解读评价为负面，从而引起信息沟通受阻。④信息的传播者故弄玄虚，将能简单表达的信息变得复杂，引起信息的接收者接收困难。正确有效的沟通是信息传播和接收的有效比例为百分之百，信息传递没有偏差，此之称为有效沟通。在有效沟通和信息对称的基础上，双方才能充分交换意见，并为互相妥协和让步奠定基础，从而避免冲突和矛盾的发生。

3. 组织结构

冲突的双方在一个组织体系里的不同角色决定了他们是否产生冲突，产生何种冲突。双方在一个组织体系中会有不同的目标和期望，而这种不同的目标和期望往往也是冲突的主要来源。冲突的一方希望通过冲突使自己在组织中获得更加有利的位置，而另一方因为组织体系中稀缺资源的竞争，对另一方进行打压。也就是说，如果双方构成了利益上的竞争，冲突不可避免。

4. 权力

权力斗争是一个更为普遍的冲突来源。权力实际上规定了组织成员在多大程度上占有稀缺资源或让稀缺资源为自己服务，围绕资源安排所形成的心理契约、势力范围、影响力、指挥链、习惯与传统往往成为冲突的诱因。事实上，权力和组织结构联系紧密，组织结构引发的冲突一般也伴随着权力冲突。古往今来，因为权力斗争引发的各种冲突层出不穷，构成了一部惊心动魄的权力冲突史。

5. 利益

这里的利益应排除权力争夺因素，主要泛指经济利益，也包括各种名誉、地位等各种非经济利益。包括个人利益、部门（正式组织）利益和小团体（非正式组织）利益。利益冲突在社会生活中较为常见，同时也是组织实现绩效的主要驱动力。

6. 目标

冲突的双方对于目标要求的不同，也会造成冲突。例如，上司对下属提出了较高的要求，下属可能觉得上司的任务要求过高，难以完成，认为以他自己的能力只能完成上司要求的一半甚至更少。上司与下属容易在完成工作任务的标准上产生冲突。目标因素引起的冲突易在双方某一特定的工作目标中出现。

7. 客观事件

日常生活中，发生不以人为转移的客观事件可以称为偶然事件，如果该偶然事件对当事人产生了不利影响，则需要对该偶然事件进行斗争。与前述几种冲突不同的是，冲突的双方有一方是客观发生的事件，而不是人。客观事件可以包括自然灾害、国家宏观环境、各种社会干扰、突发事件等。

二、冲突分类

冲突分类有利于对冲突的有效管理，做到有的放矢。但冲突的分类标准较多，通常的分类标准有组织论、功能论、成因论、属性论、动机论等。需要指出的是每种分类标准的划分不是刚性的，部分冲突的归类存在一定的模糊性。下面将逐一介绍这些冲突的分类标准。

1. 组织论

在组织论的视角下，冲突主体可以划分为若干个无交集的组织团体，团体之间为互相合作竞争的关系。根据冲突主体的不同，可以分为组织成员冲突、成员和组织的冲突以及组织间的冲突。

组织成员的冲突一般为个人之间的冲突，在一个大的组织框架体系下，由于个体之间的目标不一致和个体行为之间的差异都可能导致组织成员的个体冲突。成员之间的冲突是组织所有冲突的基础。

成员和组织之间冲突力量对比较为悬殊，成员在冲突中处于相对弱势，比如陈某与某地法院的行政复议案、经济承包人李某与投资公司的工程款索赔案等都属于典型的成员和组织间的冲突，双方力量对比悬殊。

组织间的冲突更为常见，比如公司内部两个不同部门因为管理流程问题产生冲突；两个公司为了争夺施工项目而产生的冲突都属于较为常见的组织间冲突。一方面，组织间冲突可能给事件带来消极影响，但同时组织间的竞争也能刺激组织更好地工作，提高工作效率。组织间的冲突属于群体性行为，冲突双方内部的成员为了组织利益，一般都会暂时压制成员之间可能存在的冲突，集中力量"一致对外"，有助于暂时缓解组织内压力。

另外，以组织团体为边界，还可以将冲突分为组织内冲突和组织外冲突。

一个公司的两个不同部门因为部门利益引起的冲突属于组织内冲突，通俗地说属于内部矛盾，科塞分析了组织内矛盾对组织绩效的影响，冲突强度和烈度的不同会产生性质完全不同的影响，因此，对组织内冲突的高效管理是正确处理冲突问题的关键。

如果一个公司与外部环境发生冲突，该类冲突称为组织外冲突，因为组织外冲突切实关系到组织内所有成员的利益，组织内各成员需要联合起来共同抵御冲突才能维护组织利益。一般组织外冲突对组织影响的可能性有以下两个方面：一方面，组织外冲突一方的力量过于强大，组织内的成员可能会出于自保，使组织无法形成有效的合力，组织迅速瓦解，冲突的结果以组织一方的失败而告终；另一方面，如果冲突双方的力量较为均衡，组织内则会形成有效的合力共同对抗另一方，此时双方冲突的结果取决于双方实力的对比，冲突胜负因素多，难以预测冲突结果。

2. 功能论

早期对冲突功能认识的主要局限在于认为冲突是百害而无一利的，人们应该尽可能地避免冲突的发生，人与人之间应该和谐相处。后来，随着人们认识冲突问题的深入，逐渐认识到冲突有可能存在积极的一面，这就是所谓冲突功能多样性。冲突功能存在正面和负面效应决定了人们应辩证地认识冲突。基于此，可以将冲突分为正面冲突和负面冲突两类，这两类冲突一般也被称为建设性冲突和破坏性冲突。针对这两类冲突应该采取不同的管理策略。

大量的研究表明如果组织内是安静的，静止的，没有冲突的，表面上组织是健康的，但实际上也说明该组织成员都安于现状，缺乏改变现状的动力和勇气，同时也预示着该组织缺乏生机和活动，更缺乏勇于变革的魄力。一段时间后，组织在激烈的社会竞争中，极有可能被淘汰。作为组织的管理者，应通过管理手段适当激发组织内冲突，使得组织充满生气活力，这就是所谓的建设性冲突，发挥的是冲突的正面功能。

如果冲突的强度和烈度超过一定的标准，不仅难以发挥冲突应有的正面功能，反而会适得其反，强大的冲突负面能量对组织产生强大的破坏力，这就是所谓的破坏性冲突，体现的是冲突的负面功能。问题的关键是管理者应如何把握一个度，这个度应充分发挥冲突的建设性功能，尽量避免冲突对组织产生的破坏效应。

研究表明，冲突对组织产生的积极效应会随着冲突强度的增大而增加，到达某个临界值时，正面效应最大；之后，冲突功能属性发生本质性的变化，由建设性冲突逆转为破坏性冲突，并随着冲突强度的增大，冲突的破坏性越强。冲突功能随着强度呈连续性变化，这种特性使得管理者应凭借自己的经验寻找合适的冲突强度大小，充分发挥冲突的建设性作用。有经验的管理者对组织内发生的冲突应首先进行准确的识别，这是前提，然后根据识别的结果进行有效的管理。冲突功能性分类为认识冲突提供了一个更为宽阔的视角，同时为有效管理冲突提供了一个有效的途径。

3. 成因论

冲突形成的原因各有不同，可以根据冲突形成的原因不同进行分类。冲突形成的原因可以大致归纳为以下几点：

（1）地位不对等。地位不对等主要表现为管理与被管理之间的关系而产生的冲突或因为地位不对等产生的各种预期与现实利益冲突。总之，通过互换双方在组织中的位置，冲突会显著变化。可见，成员在组织中的位置是冲突影响因素中的一个重要变量。

（2）利益不一致。利益不一致主要表现在冲突的双方没有找到利益的契合点或者一方的利益必须牺牲另一方的利益为前提，这势必引起冲突，导致合作失败。一般而言，所有的合作都建立在利益的基础上，没有合理的利益驱动，合作就成了空中楼阁，难以成行，因此利益如果不一致，就缺少共同利益的基础，双方再继续合作就会引发冲突。

（3）资源稀缺。稀缺资源永远都是争夺的对象，稀缺资源争夺的结果必然是你有我无，双方必然会发生冲突。自然法则告诉我们，稀缺资源一般都要经过激烈的竞争才能决定其归属，有竞争势必会有或明或暗的冲突。

（4）信息不对称。信息不对称是指双方所掌握的信息不完全相同，主要表现为一方的信息缺失或者共有信息差异。通常人们的行为是建立在已有的信息基础上，信息的不同势必会造成行为的差异、行为有差异，则预示着意见有分歧，意见有分歧就为冲突的孕育提供了必要条件。

（5）沟通不畅。沟通不畅本质上可以归为信息不对称。

（6）认知差异。对某一事物的认识与个人的教育背景、职业习惯、成长经历都有直接关系。比如天空中的弯月让不同职业的人描述像什么，答案会有明显不同。渔夫认为像小船，农民说像镰刀，戏曲表演艺术家认为像画眉，得到的答案不尽相同。认知是信息的直接来源，认知的不同导致掌握的信息不同，从而转向（4）。由认知差异和信息不对称导致的冲突过程如图1-1。

认识差异 → 信息不对称 → 行为差异 → 意见分歧 → 冲突发生

图1-1　由认识差异和信息不对称导致的冲突

（7）不可抗力。由不可抗力导致的冲突与前述几种成因有显著不同。不可抗力既是冲突的起因，也是冲突的主体，而后者仅仅是起因。一般不可抗力因素属于偶然因素，即便事发之前对该不可抗力事件有所准备，但不可抗力事件的影响力大，对冲突另一方的威胁依然不容小觑，需要冲突主体在斗争中付出较大代价。

4.属性论

按照冲突属性进行分类，可以将冲突分为资源类、协调类、组织类、客观类和优先权类等。

资源类冲突是指因为资源原因导致的冲突，主要包括两个方面：一是资源的短缺，资源稀缺无法满足冲突双方的需要，一方对资源的满足必是建立在另一方资源饥渴基础上，双方通过冲突的方式决定资源的归属；二是资源优劣不同，有的资源有品质之分，虽然资源的绝对数量能满足双方的要求，但是优质资源依然不足，人们对优质资源的追求决定了资源相关方的分布不可能存在均衡。

协调类冲突主要是指人际关系冲突，包括合作与非合作。影响合作与非合作的因素较多，包括偏好、利益等因素。

组织类冲突是由于冲突双方所在组织的架构、运行机制、利益分配等因素的不完善所引起的冲突，治理这类冲突的办法是优化组织架构，更新运行机制，制定更加科学合理的利益分配制度，需要针对组织的病源进行对症下药。

客观类冲突是指由不可抗力引起的冲突。若不可抗力是冲突的一方，则另一方斗争的方向是尽量消除不可抗力的消极影响。

案例 1-2

在房地产大热的情形下，开发商投入了巨额资金开发了几个新楼盘，半年后，国家要求房地产降温，出台了几条调控政策抑制房地产过热，房价在政策的影响下，价格出现较大幅度的下跌。在此宏观政策影响下，开发商投入的资金被套牢，只好寻找更好的办法解套。

该例子中的开发商与宏观调控政策之间的冲突就属于典型的客观类冲突，开发商寻求解套的过程就是与宏观调控政策冲突斗争的过程。若仅仅是起因，客观类冲突是指引起客观条件变化的各种突发因素导致当事方原有内部或外部秩序、环境的变化，从而引起冲突。

案例 1-3

一个在建工地突遭山洪袭击，造成工程停工，除不可抗力引起的损失以外，还有双方过失造成的损失。这部分损失责任界面不清，承担比例为多少，建设与施工单位因此事冲突不断，谁也不愿意承担其中的损失。随后，该问题得不到彻底解决，一直拖延，损失继续扩大，最后工地完全停工，工地成了彻彻底底的烂尾工程。双方先是寻求仲裁解决该纠纷，仲裁给出了一个仲裁结果，一方不服，最后诉至法院。

山洪袭击造成了冲突双方原有工作秩序和环境巨大改变，给工程带来了极大的困难。根据现有法规规定，由不可抗力引起的损失由各自承担。对施工方而言，施工方投入的人员和机械因不可抗力造成了闲置，损失由施工方自己承担；发包方承担工程构筑物损失费用以及清理现场所需的费用。但双方过失引起彼此损失由于很难界定界面及比例，遂引发冲突。这起由山洪引起的冲突造成的损失在合同说明缺失的情况下，应该根据建设法规或相似案例参照执行。此例属于不可抗力为起因形成冲突的典型案例。

优先权也称为先后权。这里的优先权主要指法律法规、合同协议没有明确的部分，存在模糊甚至模棱两可的情形。主要包括两方面的含义：一方面是指债务优先，冲突的双方都不愿履行债务，避之不及，谁应优先履行债务成了冲突的焦点。另一方面是指权力的优先受偿权，双方都倾向于优先获得利益，产生冲突。优先权问题在合同中尽量予以明确，以免在实际工程建设中产生冲突。对于在合同履行过程中难以预料，偶然出现新的优先权的问题，双方应通过协商解决优先权问题；若协商不成，可以进行仲裁，不排除诉至法院的可能。

5. 动机论

根据引起冲突的动机不一样，可以将冲突分为单边利益冲突、双趋冲突、双避冲突、趋避冲突、双避趋冲突等几类。这种分类方式在心理学中较为常见。冲突动机的划分标准和驱动机制是利益，换句话说，是以追求利益为主要考量标准。

单边利益冲突是指一方的利益须以另一方的利益为代价，可以形容为"你死我活"。双方必有一方是个人或组织，另一方可以是个人或组织，也可以是不以人的意志为转移的客观事实。前述的大部分冲突都属于单边利益冲突。

除单边利益冲突外，其他的均为选择性冲突。双趋冲突指冲突主体在面对两个同样有吸引力的目标时，必须从中选择一个而产生冲突，常形容为"鱼和熊掌不能兼得"。

双避冲突指冲突的主体面对两个不受欢迎的目标时，产生同样的逃避动机，要避其一就势必遭遇另一事物，常形容"前有断崖，后有追兵"，为选择对自己产生利益影响较小的选择而产生冲突。

趋避冲突指当冲突的主体面对一个目标时，产生了既向往又逃避的心态，如有人喜欢吸烟，既喜欢吸烟的感觉和味道，又怕吸烟引起疾病，对吸烟又爱又恨。常形容为"欲罢不能"。

最后，双避趋冲突是指冲突主体在面对两个目标时，两个目标各有所长，又各有所短，使人左顾右盼，难以抉择的矛盾心态。比如，王某同时接到了两个工作邀请：一个是自己的兴趣所在，但待遇一般；另一个自己兴趣一般，但待遇很好，于是他开始纠结到底应选择哪一个工作，内心产生冲突，该冲突属于典型的双避趋冲突，常被形容"尺有所短，寸有所长"。

根据动机特性划分冲突可以进一步分析面对抉择时，什么因素对自己是有利的，什么因素对自己是不利的。从而根据自己的情况分析自己追求什么，合理地应对解决冲突。

对冲突的来源和分类逐一进行介绍有利于更加全面系统认识冲突，这对于如何进行高效管理冲突至关重要。建筑行业的项目管理者，特别是项目经理应具备冲突理论基本知识。作为冲突管理关键的理论指导，项目经理应加强项目冲突知识的学习，掌握冲突管理的基本方法，在实践中加强应对冲突的实际演练，提高项目经理解决冲突、化解冲突的本领，为项目管理服务。

第三节　冲突功能的两面性

人们对冲突功能的早期认识主要集中在有害论上，普遍认为冲突是消极的，应极力避免。组织冲突的消极功能体现在：①组织运行速度减缓或停止，运行效率降低；②组织的产出减少或停止；③组织出现负收益；④组织中冲突成员收益减少或出现亏损。⑤有效工作减少，无效工作增多。冲突的消极功能对组织的影响主要集中在以上全部或部分特征，冲突的消极功能也称为破坏性功能，对组织负贡献，对这样的冲突应严格管理，防止冲突的负面效应持续扩大，对组织造成更大的损失。

案例 1-4

某拆迁安置房工程甲方为某地城市建设有限公司，施工单位为外地一家与甲方有长期合作的施工单位。因为是公共项目，施工单位为了获得更大利益，偷工减料，擅自将图纸直径为 25 的螺纹钢改为 20 的螺纹钢，节约了造价 30 万元。为了躲避甲方的监管，施工单位项目负责人通过行贿的方式使甲方不作为。不久，项目结项，当地质监部门前往工地进行主体结构验收，发现钢筋存在问题，要求施工单位整改，拒绝验收。因主体结构已完成，再进行返工成本较大，施工单位要求甲方承担部分损失，被甲方断然拒绝。几次协商无果之后，施工单位将甲方项目负责人受贿之事诉至法院，公诉机关得知此事后，遂对甲方和施工单位项目负责人一并告上法庭，判决项目返工费用都由施工单位承担。最后项目因为重大返工事件，不仅没有评上优质工程，工期还延长了一年半。

该案例存在几个冲突源，开始是质监单位与施工单位的管理冲突，冲突问题得不到解决，施工单位将矛盾转向甲方，虽然施工单位和甲方存在共谋行为，但在面对第三方时，甲方只能按照正常的管理逻辑行事，于是施工单位和甲方原本的合作关系演变为冲突关系。最后，由于施工单位怀恨在心，双方的直接冲突最后演变为对甲方进行检举告发，甲方和施工单位因受贿罪和行贿罪受到公诉机关起诉，冲突又再次演变成甲方、施工单位与公共机关之间的冲突。该案例冲突的双方一直发生着变化，而不变的是工地一直处于停工状态，造成的直接后果是工程造价上升，工期延长。

由此可以看出，这些冲突都是破坏性冲突，对项目百害而无一利，要减少冲突的负面效应对项目造成的损失，应在冲突升级之前，有效的管理措施应尽早介入。在破坏性冲突影响还有限时，通过项目管理者的努力，将破坏性冲突扼杀在摇篮里。

另一种观点认为，冲突存在有害的一面，但也存在对组织有利的一面，即建设性冲突。现代管理学已经普遍接受了这一观点，并且经过无数实践证明该观点是正确的。一般建设性冲突无论在强度上，还是持续时间上，与破坏性冲突相比都要小得多。建设性冲突通过双方发生冲突的方式进一步增进彼此的了解，通过充分的沟通，有助于消除彼此误解，增进相互信任，有助于组织工作效率的提高。建设性冲突还能将双方潜在隐含的内在矛盾暴露出来，尽早协调解决，避免了矛盾进一步升级扩大的可能。

建设性冲突与破坏性冲突也不是一成不变的，在一定条件下，建设冲突还能演变为破坏性冲突，主要体现在冲突发生的剧烈程度上，也就是说，当冲突强度和烈度发生到 定水平时，冲突的功能属性会骤然变化，而且这种变化是不可逆的。

当组织平稳运行，动静如初时，表面看组织健康运行，效率较高，但组织的工作环境风云突变，需要组织不断调整完善自己以适应快速变化的外部环境。这时候需要管理者有勇气通过管理手段不断激发小范围、低强度的组织内冲突增强组织活力，也就是通过增加建设性冲突进一步提高组织的工作效率，提高产出。这也是管理者通过灵活运用冲突管理组织的一个重要手段，需要有经验的管理者发挥聪明才智恰当把握建设性冲突，充分发挥冲突积极的建设性作用。

案例1-5

某大型施工企业实行的是工程管理部——项目部管理体制，对各项目部的绩效考核通过工程管理部的考核实现。现已有的考核办法已执行多年，随着外部市场环境的变化，该考核办法已明显出现滞后同类企业考核办法的趋势。为了进一步激发企业活力，提高项目的产出和效益，企业副总王某决定制定新的考核办法（下简称A办法）。A办法实施后，由于极大地削弱了各项目经理的实际权力，对项目绩效的考核也更加严厉，一开始遭到了各个项目部的抵制，后经工程管理部的强力推行后，各项目部很快正常运转。一年后，工程管理部对项目部的产值和绩效进行了考核，发现和原考核相比，A办法实施后，各项目部的产值和绩效不仅没有提高，反而还出现了不同程度地下降。不久，各项目部的负责人纷纷离职，新聘的负责人由于不能忍受A考核体制，没多久也离职了，企业在建各项目纷纷陷入危机。眼看着A新政以失败而告终，制定该办法的王某引咎辞职。

不久，企业总经理下重金从一家500强企业聘请了一位职业经理人李某，期望他能够从根本上扭转企业的不利局面。李某上台后，实施了"群狼计划"，该计划不仅没有削弱项目经理的实际权力，而且还引入了各项目之间的竞争机制，提出了排名计划，即根据各个项目部实际完成的绩效进行排名，排名的情况与项目经理的月奖金系数和年度奖金系数挂钩，同时还设计了诱人的职业发展通道。"群狼计划"实施后不久，出现了新的情况，各项目部为了争取排名，起初出现了较为严重钩心斗角的局面，前几个考核周期一度出现了绩效下降的局面，但由于该制度真正符合企业实际情况，"责任田"制度激发了各个项目部的生产热情，半年后，各项指标出现了较大幅度的回升。一年后，工程管理部下辖的各项目部的产值、成本、质量等核心绩效指标分别是原先的1.72倍、0.86倍、1.34倍。而且还涌现出了大批的业务精英，这些都成为企业不可多得的宝贵财富。

案例中企业副总王某本想激发适当的建设性冲突为项目管理服务，通过制定新的考核办法，重新调整利益分配格局以实现在企业内激发建设性冲突的目的。但从事后 A 办法执行的效果来看，并不理想。新办法执行后，因项目权力和绩效考核办法等问题立即引起了各项目部的反对，引起了工程管理部与各项目部的冲突，冲突的焦点主要集中在项目经理的权力被架空，绩效要求难以完成，激励办法不足等问题。一段时间后，主要骨干人员相继离职使企业损失不断扩大。从中可以看出，王某未能很好利用冲突功能具有两面性的特点，对 A 办法所引起的负面效应及对项目的影响程度没有能准确地进行预测，当办法执行后，冲突的负面效应得到持续强化，严重地损害了企业和项目的利益。A 办法没有激发建设性的冲突，反而激发了破坏性的冲突。破坏性冲突发生后，王某没有及时修正 A 办法，使得破坏性冲突的负面效应持续扩大，给企业造成了很大的损失。整体上看，王某主推的 A 办法是失败的。

与王某相反，从 500 强企业引进的李某具有较大的国际化视野和较为宽阔的项目管理思路。李某的思路也是通过制定新的考核办法激发建设性冲突，其主推"群狼计划"的结果较好地适应了该企业的实际情况。起初，因为利益关系引起了各项目部之间的冲突，冲突为各项目负责人交流适应"群狼计划"规则提供了一个交流的契机，最重要的是该计划得到了各方的认同。冲突成了项目部生产竞赛的开端。从"群狼计划"的结果可以看出，李某在如何找准建设性冲突与破坏性冲突之间的平衡点上是成功的，该计划充分发挥了冲突的建设性功能，并很好地抑制了冲突的破坏性功能。"群狼计划"所引发的良性冲突为企业和项目不仅带来了可观的经济效益，而且企业和项目内部人员的积极性和创造性被调动起来后，形成了更加优秀的企业文化和氛围，增强了员工的归属感，一定程度上大大增强了企业的软实力。

比较王某的失败和李某的成功可以得出，李某和王某的根本区别在于，李某很好地找到了激发建设性冲突的平衡点，并且新政策符合企业和项目的利益，受到广泛认可。反观王某，削减项目经理对项目的控制权等于项目经理有名无实，新的绩效考核办法在现有条件下也不切实际，A 办法遭到一线工作人员的强力抵制，王某的 A 办法注定是要失败的。冲突功能的两面性告诉我们，企业或项目内的冲突是一把双刃剑，发挥冲突的建设性功能对组织有明显的好处，若激发了冲突的破坏性功能对企业和项目危害无穷。那么，如何发挥冲突的建设性功能，避免破坏性功能，其秘诀在哪里？答案是：冲突的高效管理是关键。

第四节 冲突管理及应用

所谓冲突管理是指对所发生的冲突进行合理的控制，使冲突朝着管理者预期的发展方向进行。在管理学和组织行为学上，冲突管理有广义和狭义之分。广义上的冲突管理应当包括冲突主体对于冲突问题的发现、识别、分析、处理、解决的全过程。冲突在全寿命周期内的每个重要环节上都应当对冲突进行管理，使之完全在管理者的掌控范围内，全过程包括事前、事中、事后管理三个过程。而狭义上的冲突管理只仅仅局限于冲突爆发后的处理和解决过程，属于典型的事后管理。狭义的冲突管理主要研究这个阶段冲突的内在规律、应对策略和方法技巧，以便更好地管理好冲突。目前，企业内和工程项目内所施行的项目管理一般均属于狭义概念上冲突管理。

传统观点认为冲突是有害的、消极的、百害而无一利的，管理者必须通过管理手段将冲突化解，消除其负面影响。冲突管理一般是在冲突发生之后进行，对已发生的冲突采取积极的干预措施。该做法属于典型的事后管理，在冲突的管理办法上较为被动，"头痛医头脚痛医脚"的做法使管理者疲于应付，而且最后冲突的管理效果并不好，冲突所造成的负面效应难以从根本上消除。管理过后的负面效应可能长期潜伏在组织中，经过一段时间的发酵，在一定条件下，冲突会重新爆发。因此，为了组织的健康成长，以事后管理为主要特征的传统冲突管理办法已经很难适应现代管理的需要。现代管理理论认为冲突对组织的作用有两面性，有积极的一面，也有消极的一面，就是所谓的建设性冲突和破坏性冲突。冲突功能的两面性决定了对冲突的管理不能一味地采用打压的政策，应结合具体的情况，分析冲突在某时刻的主要功能状态，如果是积极功能占主导，应采取措施引导冲突为组织服务，持鼓励的态度应对；如果是消极功能占主导，应采取措施防止冲突持续恶化。冲突对组织的负面影响将持续扩大,对冲突应采取高压政策。现代冲突管理方法较为全面概括了冲突应辩证管理的特征,更加科学的认识方法论会使冲突管理理论更加完善,从而能更好地提高管理者冲突管理的素质,指导冲突管理实践也会更加科学。

一、狭义冲突管理

狭义上的冲突管理一般是指冲突爆发后的善后处理,属于冲突的被动管理。狭义上的冲突在冲突的孕育、发展阶段管理者并未介入,对冲突的识别和分析阶段都发生在冲突爆发之后进行,在时间上存在滞后性。因此,对冲突性质的准确判断决定了事后冲突管理的方向。如果冲突具有一定的建设性,则需要对冲突进行一定的引导,避免冲突升级,使冲突朝着破坏的属性发展;如果冲突本身就带有较强的破坏性,则对冲突的管理应采取强制措施,遏制冲突的进一步升级,避免对组织造成更大的负面影响,最后冲突平息后,还需要对冲突双方进行劝慰和安抚,以尽量减轻已爆发冲突对组织的不利影响。针对已爆发冲突的两种不同识别结果,两种不同冲突管理途径如图 1-2。

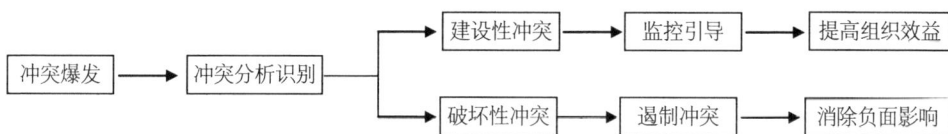

图 1-2　狭义冲突的管理途径

图 1-2 较为清晰地描述了狭义冲突发生后,在考虑了冲突不同功能特征的前提下,冲突的管理过程。对已发生冲突而言,选择何种冲突管理途径,关键在于对冲突功能进行准确的识别。冲突功能的准确预判决定了管理者下一步的行为取向。目前,施工企业和项目部一般采用狭义的冲突管理方式,狭义的冲突管理无论从冲突对组织造成的影响,还是后续管理的效果来看,都不是最为理想的方式。

二、广义冲突管理

与狭义的冲突管理相比，广义的冲突管理更加积极主动，更能利用冲突具有的特点加以针对性地管理，并且在每个环节都能主动介入，实践表明，广义的冲突管理在一定程度上更有优势。

广义上的冲突管理应当包括冲突的每个环节。冲突从潜伏孕育、能量累积、冲突爆发、冲突升级、冲突干预、冲突控制各个环节都有其内在的发展规律，掌握每个环节的发展规律能够从根本上找到每个环节管理途径的插入点，冲突无论处于什么阶段，管理者都可以随时介入管理冲突，做到冲突的全过程管理，这也是广义冲突管理的主要含义。

现代项目管理着重强调广义冲突管理，将管理介入前置，对冲突进行全过程监控，组织的管理者处于绝对主动地位，组织内冲突发生失控的情况很少。但广义冲突管理也存在消耗精力过大，管理成本过高的问题，需要权衡组织冲突因素的管理难度、组织运作项目的效益及重要性、广义冲突成本等多个因素，进而决定是否应采用广义冲突管理方式管理组织冲突。

广义冲突管理主要包括两个过程：

一是潜在冲突本身具有破坏性，对该类冲突应尽早介入越好，消除潜在的破坏性冲突因素，将冲突扼杀在摇篮里。就像身体内的癌细胞一样，在癌细胞的早期阶段将癌症诊断出来，通过有效的治疗方式消灭癌细胞；一旦癌细胞进一步发展，当癌细胞危及身体器官时，此时治疗效果就一定不如早期治疗；如果癌症发展到晚期，以现有的医疗水平和条件，无论采用何种治疗手段都无济于事，最后都会危及生命。组织冲突亦然。因此，对破坏性冲突早干预、早管理，无论是管理成本还是对组织造成的危害都是较低的。如果由于各种原因，对破坏性冲突的介入较晚，则应本着积极的态度，以减少最大损失的原则管理冲突。

二是组织的管理者应通过新的管理措施适当激发建设性冲突，保证组织的活力，提高组织的工作效率。首先应对新的管理措施做出正确的评估，评估新的管理措施所引发冲突的功能特征，在确保冲突建设性功能的前提下，实施新的管理措施，并做好各种冲突的应急准备。随后，对激发的冲突进行时时刻刻的监控，防止冲突的属性发生变化，使冲突建设性功能发挥最大。广义冲突管理的两个主要过程如图 1-3 所示。

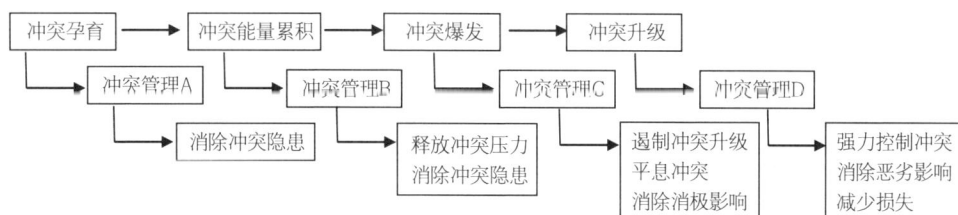

图 1-3a　破坏性冲突全过程管理途径

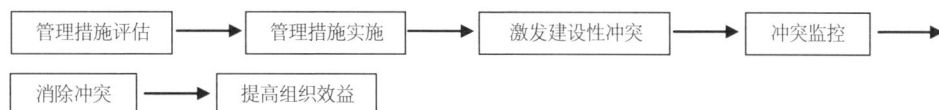

图 1-3b　建设性冲突全过程管理途径

图 1-3a 为破坏性冲突全过程管理流程。冲突管理措施 A ～ D 为冲突发展演变的每个过程中，管理者介入后所采取的干预措施。从图中也可以看出，冲突管理 A ～ D 每个管理步骤所具有的管理功能是不同的。冲突管理 A 着重对潜藏着的冲突因素进行及时识别，感知冲突的存在，对冲突有了初步的感性认识。在冲突的早期阶段，化解引起破坏性冲突的不安定因素，防微杜渐。若冲突发展到能量持续累积阶段，这时蕴含的冲突对组织的影响不可忽视，即使该冲突没有彻底爆发，但双方已处于暗战状态，对立情绪已经形成，已不太可能和谐相处合作。在这个阶段冲突管理 B 主要的任务是努力化解冲突双方存在的误解，缓解两者对立的状态，缓和双方紧张的情绪，尽量避免双方爆发直接冲突。当冲突爆发后，冲突由暗战阶段转为直接公开对抗阶段，此时冲突已处于不可逆状态，冲突管理 C 的介入主要目的在于一方面防止冲突进一步升级，另一方面尽量降低冲突对组织的负面影响，使组织转为正常的工作状态。冲突爆发后，管理者应果

断采取措施应对突发状况，防止冲突快速恶化升级，直至组织瘫痪，甚至到最后组织无法正常运行工作。组织管理者应在事前做好各种应急工作，预测组织将可能出现的各种破坏性冲突，做到防患于未然。如果冲突处于不断恶化升级阶段，此时介入冲突干预从某种程度上而言，已有些晚了。一方面冲突双方的行为所造成的恶劣影响范围不断扩大，影响层级向上逐渐升高，向下影响到组织的最底层，甚至对围绕在组织周边的其他组织也产生了明显影响。在这个阶段，冲突管理D的介入很难从根本上消除升级恶化冲突对组织的负面影响，且这种消极影响永久不可逆。更严重的，可能会造成冲突无法干预，冲突双方无法协调，无法互相配合正常工作，组织正常运转秩序被彻底破坏等严重现象。出现这种极端状况，只能通过强制手段对双方进行强制隔离，重新调整冲突双方的工作岗位，使得他们在日常工作上不直接互相接触，避免冲突的再次发生。

图 1-3b 为基于激发建设性为基础的冲突全过程管理，主要指通过管理者的管理措施激发建设性冲突。管理者为了提高现有组织的生产效率，通过管理措施激发建设性冲突以提高组织的活力是常用做法。在管理措施实施之前，应对管理措施作出适当的评估，分析管理措施的可行性，预期能取得的效果等。管理措施评估结论得出后，管理者可以在组织内推行新的管理措施，从实施新的管理措施开始，组织的管理层应时刻关注冲突的属性、发生、发展等情况，着重对产生的冲突属性做出准确的判断，当冲突的发展轨迹大致沿着评估结果进行时，此时已基本做到掌控冲突。最后，通过评估结果内已得出的管理办法可以对已产生的冲突进行有效管理，平息冲突，双方通过冲突加深了解，在目标认识，利益妥协，合作驱动等各方面达成一致，消除彼此的不信任和各种猜忌，从而增强了组织的凝聚力，最终组织的效率提高了。另一方面，对于一些自发性的建设性冲突，冲突管理的流程基本同狭义冲突管理中建设性冲突的管理过程，参见图 1-2。

应该说广义冲突管理覆盖了冲突的全寿命周期，对防止组织在运作期间，破坏性冲突对组织造成的损害有着重要的意义。现代管理学已明确将广义冲突管理作为冲突管理的重点，各种论述和著作不断增多。

三、冲突自我管理和他人管理

冲突发生后，需要及时化解。化解解决的方法既可以借助冲突双方的力量，也可以借助外界的力量。根据冲突化解动力来源的不同，一般冲突管理可以分为冲突自我管理和冲突他人管理两大类。冲突自我管理是指冲突发生后，冲突双方通过协商、妥协的办法解决冲突；而他人管理是指依靠第三方的力量协调双方的对立分歧，通过各种手段化解冲突的方法。为了能够更加全面认识冲突管理，有必要着重分析这两种冲突管理方式的联系和区别。

冲突自我管理，强调的是需要依靠冲突双方自身的力量解决双方存在的分歧，一般冲突能自我管理的都是些规模较小，影响力不大，所涉及冲突的主题在双方看来都不是核心问题，或者说没有触犯双方的核心利益。另外，冲突自我管理成本较低，代价较小。冲突自我管理可以比作人体的免疫系统，当有外界病毒侵入人体时，人体的免疫系统第一时间做出反应，杀死侵入的病毒，使肌体恢复正常工作。在组织普遍快速运作工作的今天，组织也需要类似于人体免疫系统功能的冲突自我管理功能，当冲突爆发后，通过这种自我修复机制消除冲突对组织造成的负面影响，以保障组织的正常运行。那么，如何使组织在运行过程中更大程度上具备冲突自我管理呢？除了冲突双方本身具备较强的自我管理能力和较高的素质以外，还需要组织有较为全面的化解冲突的制度细则，且这些制度细则有较强的可行性和较大操作的空间。当冲突触犯双方的核心利益和底线时，一般冲突都无法通过自我管理完成冲突化解，此时，应借助第三方的力量解决冲突，这就是所谓的冲突他人管理。

冲突他人管理是指依靠第三方的力量化解双方冲突。当双方冲突不可调和时，外界力量的介入必不可少。此时，冲突一般都发展到较高的水平，强度、烈度、影响力都较大，局面已处于较为棘手的状态，冲突自我管理已变得不可能，需要外界的力量介入。冲突他人管理可以比作医生，当外界病毒侵入人体后，人会出现各种生病的表现，这其实是人体免疫系统发挥作用的表现。一段时间以后，病情非但没有减轻，反而还加重了，这时免疫系统失效了。为了解决这个问题，就需要医生的诊治分析病情，然后通过服用药物的方式治疗病情。一段时间后，病情治愈了。由该案例可以分析医生就是他人管理的第三方；药物就是协调冲突时的各种应对措施、办法；病情治愈了，冲突也就平息了。冲突管理第三方的形式多种多样，组织内领导、有名望、有权威的人物；仲裁机构或者法院等。组织内的直接或间接领导一般对冲突的双方劝和、利益协调、利用本身手中的职权对冲突双方进行补偿、调整人事岗位等方式管理冲突。若冲突已经上升到与组织事务无关，纯属个人之间冲突对立行为后，他人管理的第三方会发生一定改变，在此情况下，冲突他人管理策略要做出相应调整。

四、冲突管理结果行为分析

当双方发生冲突后，要对冲突进行管理。冲突进行管理的结果一般有两种。一是冲突解决成功；二是冲突解决失败。冲突解决失败主要归结于冲突管理的失败，冲突管理失败的原因很多，除了管理方法措施失当外，还与管理者角色定位、冲突事件的复杂程度等因素有关。冲突管理失败后，冲突一般表现为两种情况：①冲突维持现状，双方处于对立状态，不合作；②冲突继续升级，有持续恶化的趋势。

如果冲突管理成功，其出现的管理结果行为可以归纳为：整合、宽容、折中、独断、回避等五种情况。这五种管理行为一定程度上都能促成冲突的解决，至少是表面上的解决。

整合方式高度关注自身与冲突的另一方的利益，要求冲突双方能够做到彼此坦诚相待，以合作的态度相互检查意见的不同之处，鼓励冲突双方能结合自身的条件和需求，提出一个能令双方都满意处理意见。

宽容是指冲突的一方能放弃自己的大部分利益以满足另一方的利益的做法，不太关心自己的利益，相反更关心别人。宽容的一方采取了容忍、忍耐、认输的态度。这是境界较高的一种做法，以小我换取大我的英雄策略。

折中是指冲突双方互相各让一步，在责任上多承担一些，在利益上少要求一些，这对双方都有利，但这不是最优选择，而是次优选择。

独断是指该行为高度关注自己，强调自己的利益，较少关注别人，冲突的一方希望通过自己强势的态度完胜对手，不仅不考虑大局，更不会考虑对方的境遇，是一种牺牲另一方为代价的冲突解决策略。

回避是指在冲突管理之后，既不关心自己，也不关心对方，对冲突抱着无所谓的消极态度。一般采取避让态度的一方能息事宁人，双方的冲突表面上自然会消失，但双方内在的冲突焦点并没有因此化解，回避的做法一方面没有从根本上化解冲突，另一方面双方几乎没有继续合作的空间和可能。

从上述分析可以看出整合、宽容、折中、独断和回避这五种对冲突管理的反应都属于解决冲突的常有表现。但这五种策略也有优劣之分，整合策略考虑了双方的需求以及组织的需求，所得出来的策略既有利于组织，也照顾到了冲突的双方，肯定是最优选择。折中策略在寻求整合策略结果无果的情形下，考虑了互相退让一步的策略，该策略由于放弃了双方部分的利益诉求，也没有考虑组织的利益，明显属于次优策略。宽容的一方愿意吃亏，将利益让给冲突的另一方，冲突能得到很好的解决；和宽容正好相反，独断策略都只考虑了冲突一方的需求，而忽视了另一方的需要。这种策略即使冲突得到了表面的解决，但双方内在的冲突并没有得到实质性解决，内在的对立依然存在。因此，独断策略不是解决冲突的最优选择。而最后一种，回避策略以消极的态度面对冲突，双方之间的冲突采用避而不谈的态度，以不解决冲突的态度宣告一方坚决不与另一方合作，双方的坚冰短期内难以打破。回避属于不推荐的策略。对以上五种策略进行分析后，按照可推荐顺序可以将五种策略进行排序为：整合、宽容、折中、独断、回避。

本章主要对冲突与冲突管理的基本问题进行了梳理，主要包括冲突的基本概念、冲突的来源和分类、冲突功能的两面性、冲突管理的基本理论和应用等，内容基本涵盖了冲突问题的主要方面。介绍冲突问题的基本理论主要目的在于为叙述工程项目冲突问题做必要的知识准备。工程项目作为工科领域的一个学科，有其自身的规律。一个普遍性的常识是冲突问题始终伴随着工程项目的全寿命周期，从工程项目开始酝酿到最后项目寿命的终结，一直都伴随着各种各样的冲突。冲突问题作为项目管理的重要目标，其管理的效果直接关系到了项目的成败，重要性不言而喻。在下一个章节中，将重点叙述工程项目主体组成、各方主体的合同关系，工程项目冲突的来源与特点等内容。

第二章

工程项目冲突概况

我们常常看到工程项目在建过程中各参建方因种种事由发生摩擦、争吵、对立、冷战、谩骂，甚至是人身攻击，这些都是冲突的外在表现形式。统计表明，工程项目建设过程中都不同程度存在冲突现象。冲突在建设领域如此常见，且对项目存在显著影响。冲突管理好了，项目效益大增；冲突管理不善，项目会出现严重损失，甚至会出现烂尾工程。因此，研究工程项目冲突，重要性不言自明。在分析工程建设领域的冲突问题时，有必要先了解工程项目团队的一般组成及特征，为什么项目团队会出现冲突，冲突究竟来自哪里？哪些冲突能管理，在项目组织中哪个层面进行管理？弄清这些问题是对冲突进行高效管理的基础。本章将对这些与冲突有关的基础性问题分别做出回答。

第一节 工程项目及团队的组成和特点

一个工程项目从最初的立项，到建设筹集资金，再到设计、建造、使用等各个阶段均需要不同的单位参与进来。每个单位进入项目的时间有先后，退出时间也有先后。但可以确定的是，每个单位都是到了自己的任务阶段了才进入项目，完成自己的工作后就退出了，换句话说，每个阶段都有单位进入项目的必然，也有单位适时退出的理由。基于此，项目的几个重要阶段，比如筹备阶段、设计建造阶段、使用阶段这三个阶段参与的单位就不相同。筹备阶段主要是发包方和上级主管部门的工作；设计建造阶段参加的单位最为集中，包括发包、设计、监理、质监、承包、咨询等单位；使用阶段包括项目使用业主、承包等单位。如无特别说明，本书所强调的工程项目团队及其发生的冲突重点是指设计建造阶段。其他阶段冲突无论是涉及单位性质的多样性，还是主体数量上均较少，不是本书研究的重点。在分析项目设计建造阶段的团队组成之前，先阐述一下工程项目的主要特点。

一、工程项目的主要特点

工程项目一般是指具有某种使用功能的人工设施。工程项目可以在地下、地面、海洋，甚至是外太空，人类的创造性活动使得工程项目遍及全球每个角落。工程项目自人类彻底摆脱动物性以后就已出现，从远古时期就已出现的简易临时遮风挡雨设施，到后来人类有了一定的社会属性后，出现了城市、城镇，一直到现在涌现了具有现代文明的城市，人类的每个阶段都少不了工程项目为自己服务，同时工程项目的科技含量也反映了该时期、该地区人类的文明程度。可以说，工程项目的发展历史一直伴随着人类的发展历史一点也不为过。既然工程项目与人类发展紧密相关，那么，考察工程项目本身所具有的特点，分析工程项目的核心要素是认识工程、了解工程最直接的途径。

总的来说，工程项目有以下几个显著特点：

（1）单件性和唯一性。世界上无法找到两个完全一样的工程项目，工程项目在建造过程中的技术、材料、资金、方案、地理位置、气候条件以及复杂的随机因素决定了工程项目的唯一性。个性化是工程项目所共有的特征。

（2）资金密集型。土建项目的造价都较高，动辄几千万元，上亿元的项目比比皆是。项目建造材料大多采用钢筋、混凝土等价格高昂的建筑材料，装饰材料也采用科技含量较高的工业成品，因此，有人认为工程项目是科技产品并不为过。具有一定科技含量的工程项目包含了人类大量的智慧结晶，其购买价格自然也就昂贵了。

（3）综合性与复杂性。土建项目虽然不像船舶、航空航天、精密仪器那样对技术有超高的要求，但在建造过程中，不仅需要考虑力学、施工工艺、岩土学等纯工科，还涉及管理学、经济学、社会学、法学，甚至伦理学等人文学科。工程项目横跨工学、管理学、人文社会学科等多个领域，所涉及的学科众多，综合性和复杂性可见一斑。项目立项后，需要综合众多学科的知识才能将其建成，项目建设难度大。

（4）寿命周期较长。一方面表现为项目的建造周期长，另一方面项目在投入使用后到最终报废周期也较长。项目的寿命周期与资金、技术都有关系，一般都成正比关系。一个设计使用年限为50年的项目与100年的项目相比，前者所使用的资金与技术与后者相比一定有较大的区别。发包方在委托设计单位设计方案时，都会明确项目的使用年限。

（5）一次性和不可逆性。工程项目在建造过程中，一般是一次性完成。项目建到某一阶段，很难再推倒，利用原有材料重来。重建或返工需要重新投入资金、人力、物力，代价太大。为了保证项目一次建成，项目参建各方需各司其职，积极配合，确保项目建设万无一失。

二、设计建造阶段的项目团队

设计建造阶段是工程项目全寿命周期内影响造价、项目质量、效益最为关键的阶段。这个阶段主要的参与单位有：发包、勘察设计、监理、质监、承包、咨询等单位。发包方的主要工作是统领整个项目，负责整个项目的造价、质量、工期目标的实现，是整个工程项目的领导者。设计负责项目的外观设计、结构设计、水电暖气的设计，是项目建造方设计者。监理代表发包方履行监督施工质量的责任，是建造行业专业知识的代表，其专业水准的高低直接决定了工程项目建造质量的高低。承包方负责实现设计单位的蓝图方案，将所有物质资源最终实现为工程实体，承包方的水平与项目的质量有直接的关系。在方案的初步设计和深化设计阶段，参与主体有发包方和勘察设计单位，在项目建造阶段，发包、勘察设计、监理、质监和承包单位成为项目建设团队最主要的成员。

普通的工程项目主要由以上几方主体组成，如果项目采用总承包模式，项目参与主体的关系可能会发生较大变化。总承包模式有多种，有设计施工总承包，即 DB 模式；交钥匙承包模式；设计施工管理（D+CM）模式等。如果采用设计施工总承包模式，在建造阶段，参建主体变为发包、总承包、监理、质监和分包单位等。除总承包模式外，还有一些常见的模式，PPP 模式、联合体模式等。PPP 模式由于发包方资金不够而引入社会资本参与建设的方式，引进社会资本的来源主要是一些资金实力强劲的财团，PPP 模式有BT、BOT、BOO、BTO 等多种形式。因此，在建造阶段，项目团队成员主体还应加一个投资方。联合体模式在建设领域也是一种较为常见的模式，成立联合体的目的是为了发挥各个单位的长处，弥补各个单位的不足，可以大大节约管理成本。在一些大型项目中，联合体模式经常被采用。联合体常采用的模式有施工—施工联合；设计—施工联合；投资—施工联合；投资—咨询联合等。

以上分析可以看出，在建设阶段，各参建主体的数量和类别灵活多变，这主要取决于工程项目的特点和现实情况。对于一个手续都完整齐全的项目，无论项目如何千变万化，工程项目必定存在发包、设计、监理、质监、承包等几个核心要素，区别在于有时这几个要素的存在形式有所不同。需要特别指出的是，这里的承包单位是一个较为宽泛的概念，不仅仅是指项目的土建承包单位，还常指水、电、暖、气、通信等与土建承包单位并无多大关联的辅助配套单位。

三、工程项目团队的特点

如果没有特别说明，本书所涉及的工程项目团队是指工程管理团队，不包括承包方一线作业的班组长、工人。工程管理团队是由各个单位的工作人员组合而成，需要配合工作。工程项目团队与其他工作团队相比，有其自身特点，这些特点决定了项目管理团队有别于其他工作团队，在工作实践中，应充分予以重视。综合比较而言，工程项目团队有以下几个特点：

（1）任务型。施工现场的项目团队一般是由发包（代表）、设计（常驻）、监理、承包等组成，大家都带着一定的目的来到工地现场，这个共同的目的就是完成工程项目建设。工程项目团队的任务型驱动特征使得团队有充足的动力去工地现场管理项目，项目建设就是团队的工作任务，项目建设好了，团队就有奖励；项目烂尾了，团队所有成员都要接受惩罚。正是有了工程项目这个特殊任务，才使得这个团队能够凝聚在一起。

（2）临时性。工程项目的显著特点之一。团队成员都是围着项目而结合在一起的，等到项目结束，项目团队就自动解散了。项目团队伴随着项目的开始而组建，以项目的完成而解散，项目的建造时间（工期）一般也是项目团队的寿命期。

（3）多重含义性。项目团队包括两个方面的含义，狭义上的项目团队是指同一个单位在施工现场的工作人员组成的团队，该团队有一名实际的负责人，负责该团队的日常管理；广义上的项目团队是指由各个单位组成的全部现场管理人员，团队比较松散，依靠单位之间签订的合同管理关系进行管理。

（4）流动性与开放性。项目团队由各个单位组成，各单位通过合同规定自己的权责利，只要有其他单位与项目有合同关系，都可以随时加入项目团队进行工作。合同任务完成后，自动退场。与其他工作团队较为固定封闭相比，工程项目团队较为开放，流动性强。如何对流动性强的团队进行高效管理是摆在项目经理面前的一大难题。从以往的经验来看，有的单位临时性工作完成退场以后，并未做好现场工作与其他单位之间的衔接，结果造成很多施工上麻烦，浪费了大量的精力。

（5）管理难度大。项目团队的管理主要包括两个方面。一是各单位内部成员的管理，管理手段较为简单，通过各个单位内部已有的规章制度对团队成员进行考核即可。目标指向较为单一，管理的效果在可控的范围内。二是单位之间工作关系的管理，目前已有的操作途径是通过合同进行管理，合同明确了各个单位的权责利，各单位对照合同完成自己的合同任务即可。

然而大量的工程实践表明，合同管理较为刚性，每个工程项目都有自己的特点，每个合同不可能包含该项目出现的所有问题，合同的空白部分需要单位之间进行协调解决。这也造成了项目管理的高难度。除此之外，发包方作为项目的负责人，提高项目的整体效益是自己的职责所在，而现场其他各参与单位往往只关心自己的利益，忽视项目的利益，甚至有的还以牺牲项目的利益换为自己的利益的情况，如何设计好的制度即使工程项目的利益最大化，又能兼顾到各方利益，这些问题的解决除了项目的顶层设计以外，还应有好的管理。顶层设计是基础，管理是关键。

（6）冲突来源多。项目管理参与的单位多，工作界面多，利益复杂，各方的利益诉求均不相同。各方都希望自己能在项目中花费最低的成本，得到最大的效益，这样势必会矛盾重重，形成大量的冲突。存在冲突不可怕，怕的是无法平衡各方利益，妥善处理各类冲突。

四、工程项目与团队的关系

每个工程项目都各不相同，都有其自身的特点，这就是工程项目的唯一性。那么，为了建造某个项目，需要针对项目的具体情况，选择专门的建造团队服务项目是关键。如果工程项目都像流水线，那么生产出来的产品无疑是枯燥的、乏味的、缺乏个性和创意的。因此，从某种意义上说工程项目决定了项目团队，项目团队为工程项目服务。工程项目与团队存在一一对应的关系。下面具体分析一下这种对应关系主要体现在哪些方面。

（1）工程项目级别决定团队的级别。工程界普遍认为工程项目是有"级别"的，这里的"级别"主要是指社会各界对工程项目的定位，甚至可以简单地说是政府对项目的定位。在我国，各级政府都有重点工程项目，中央政府有国家重点项目，省政府有省级重点项目，市政府有市级重点项目，县政府有县级重点项目。通常的做法是本级政府的项目邀请的是平级或者是上一等级的项目团队，不会邀请下一等级的项目团队。比如说，国家级项目一般都邀请国家级的单位参与或者全国知名的单位参与，不会邀请普通地市级单位，更不会邀请普通县级单位参与（特殊情况除外）。反过来，如果某个县级政府准备上马一个项目，很有可能会邀请市级的设计单位和承包单位，如果县政府不惜重金，甚至会邀请国家级的设计单位和承包单位。工程界通行的这种做法印证了工程项目是有"级别"的这样的说法，当然，国外也有类似的情况。

（2）工程项目管理模式决定团队性质、数量。在本节第二部分，介绍了项目团队组成的内容，如果项目采用设计施工总承包模式，则承包方只需将项目委托给总承包、监理、分包、咨询单位即可；如果是采用 PPP 模式的，则参与方中还应增加投资方；如果是采用联合体模式的，则应增加××联合体；如果项目采用专业分包模式，则承包单位的队伍会大大增加。总之，项目的承包模式与团队的性质和数量有直接的关系。

（3）工程项目合同决定团队管理。越是体量大的项目，工期越紧的项目，项目团队数量越庞大，单位时间内参与的单位越多。在管理上，因为时间紧，工作多，对团队的管理越严格，更应采用科学的方法管理团队，对管理者的素质要求越高。合同对项目提出的施工质量越高，对项目团队的管理要求也相应越高。这再次印证了项目决定团队这个基本道理。

（4）工程项目的性质决定团队的性质。如果某个项目属于国防保密项目，则邀请的单位通常是部队的单位参与，这些单位一般也有一定的保密性质。如果某项目属于抢险救灾项目，则应邀请具备应急能力的单位参与。简言之，项目的性质与团队的性质一定程度上存在某种对应的关系。

工程项目的特殊性还取决于项目所处的自然环境和社会环境，自然环境和社会环境对项目有较大的影响，在团队的选择方面也应考虑这些因素。由于中国近年来综合国力大幅提升，承包单位走出国门开拓国外市场成为大型企业的主要目标之一。海外项目由于国情的差异，一些没有经验的团队往往到了国外无法融入当地新的社会环境，显得束手无策。作为企业管理者，应选派那些国际项目经验充足、业务能力强的项目经理去承担重任。除了社会环境，自然环境因素也应考虑。青藏铁路项目地处高原，部分线路存在永久性冻土，在我国传统规范里，铁路原则上是不允许建在冻土上的，但这个项目又必须上马。青藏高原地理上的特殊性，在团队的选择上应优先考虑那些技术能力强、善于攻克特殊技术难题和各种自然风险的团队。

总之，工程项目与团队取舍的关系存在多方面的因素，这些因素共同决定了作为一个已定的工程项目，其团队的选择范围有时是相对比较窄的，选择的空间是有限的。管理者只有做好项目团队的甄选，才能打胜项目建设这场没有硝烟的战役。

第二节 项目团队的合同关系

项目在建设阶段，主要的参与主体有发包、勘察设计、监理、咨询、承包等单位。这些单位的主要任务是完成项目，那么究竟靠什么将这些单位联系在一起开展工作的呢？答案是：合同。建设工程合同作为民事合同的一种，已有专门的合同法予以保证合同的合法性和有效性。合同的主要作用是规定签约合同各方的权利和义务，是法律予以认可的一种形式。建设领域普遍采用合同的形式是承揽合同和委托合同，设计合同和施工合同一般属于承揽合同；而监理合同和咨询合同则属于委托合同。

一、承揽合同

《合同法》规定，承揽合同是承揽人按照定作人的要求完成工作，交付工作成果，定作人给付报酬的合同。在建筑工程领域，发包方是定作人；设计单位和承包单位是承揽人。承揽合同具有以下几个法律特征：

（1）承揽合同以完成一定的工作并交付工作成果为标的。在承揽合同中，承揽人必须按照定作人的要求完成一定的工作。定作人关心的是工作成果品质的好坏，而非承揽人的工作过程。

（2）承揽人须以自己的设备、技术和劳力完成所承揽的工作。定作人将工作交给承揽人，其重要原因是定作人相信承揽人具有完成工作的条件和能力。因此，除当事人另有约定外，承揽人应当以自己的设备、技术和劳力完成主要工作。未经定作人的同意，承揽人将承揽的工作交由第三人完成的，定作人可以解除合同；经定作人同意的，承揽人应就第三人完成的工作成果向定作人负责。

（3）承揽人的工作具有独立性。承揽人在完成工作的过程中，不受定作人的指挥管理，独立承担完成合同约定的质量、数量、期限等责任。承揽人在工作期间，应当接受定作人必要的监督，但定作人不得因监督检验妨碍承揽人的正常工作。

承揽合同属于双务合同。在合同中，承揽人和定作人都享有一定的权力，也都承担一定的义务。双方的权利和义务存在着对应的关系，即承揽人的权利就是定作人的义务；反过来，承揽人的义务就是定作人的权利。在这里分析一下承揽人和定作人应分别承担的义务。

承揽人主要的义务有：①按照合同约定完成承揽工作的义务。主要包括承揽的标的、数量、质量、报酬、承揽方式、材料的提供、履行期限、验收标准和方法等条款。承揽人应当按照合同的约定，按时、按质、按量完成工作。②材料检验的义务。承揽人提供材料的，承揽人应当按照约定选用材料，并接受定作人的检验。如果是定作人提供材料的，承揽人应当对定作人提供的材料及时检验，发现不符合约定时，应当及时通知定作人更换、补齐或者采取其他补救措施，承揽人不得擅自更换定作人提供的材料，不得更换不需要修理的零部件。③通知和保密的义务。承揽人发现定作人提供的图纸或者技术要求不合理的，应当及时通知定作人。承揽人应当按照定作人的要求保守秘密，未经定作人的许可，不得留存复制品或者技术资料。④接受监督检查和妥善保管工作成果等的义务。承揽人在工作期间，应当接受定作人必要的监督检验。承揽人应当妥善保管定作人提供的材料以及完成的工作成果，因保管不善造成损毁、灭失的，应当承担损害赔偿的责任。⑤交付符合质量要求工作成果的义务。承揽人完成工作后，应当向定作人交付工作成果，并提交必要的技术资料和有关质量证明。承揽人交付的工作成果不符合质量要求的，定作人可以要求承揽人承担修理、重做、减少报酬、赔偿损失等违约责任。共同承揽人对定做人承担连带责任，但当事人另有约定的除外。

定作人的义务：①按照约定提供材料和协助承揽人完成工作的义务。定作人提供材料的，定作人应当按照约定提供材料。承揽工作需要定作人协助的，定作人有协助的义务。②支付报酬的义务。定作人应当按照约定的期限支付报酬。对支付报酬的期限没有约定或者约定不明确的，可以协议补充；不能达成补充协议的，按照合同的有关条款或者交易习惯确定。对于不能达成补充协议，也不能按照合同有关条款或者交易习惯确定的，定作人应当在承揽人交付工作成果时支付；工作成果部分交付的，定作人应当相应支付。除当事人另有约定外，定作人未向承揽人支付报酬或者材料费等价款的，承揽人对完成的工作成果享有留置权。③依法赔偿损失的义务。定作人中途变更承揽工作的要求，造成承揽人损失的，应当赔偿损失。承揽人发现定作人提供的图纸或者技术要求不合理的，在通知定作人后，因定作人怠于答复等原因造成承揽人损失的，定作人应当赔偿损失。④验收工作成果的义务。承揽人完成工作向定作人交付成果，并提交了必要的技术资料和有关质量证明的，定作人应当验收该工作成果。

承包单位和设计单位都具备了承揽人的特征，它们与发包方签订的合同属于承揽合同，合同内部各种条款都符合承揽合同的基本特征。发包方作为定作人，应当履行法定义务，在履行承揽合同时，应当做好定作人的角色，与承揽人共同将合同内的工作任务做好。

二、委托合同

《合同法》规定，委托合同是委托人和受托人约定，由受托人处理委托人事务的合同。委托人可以特别委托受托人处理一项或者数项事务，也可以委托受托人处理一切事务。与承揽合同有所区别的是，委托合同有如下的法律特征：①委托合同的目的是为他人处理或管理事务，委托合同的订立以双方相互信任为前提，但委托合同尾部是有偿合同。②委托合同是一种典型的提供劳务的合同。合同订立后，受托人在委托的权限内所实施的行为，等同于委托人自己的行为；委托的事务可以是法律行为，也可以是事实行为。它不同于民事行为，后者委托的只能是法律行为。它也不同于行纪合同，后者委托的仅是商事贸易行为。③如果没有双方的相互信任和了解，委托合同关系难以确立，即使是建立了委托关系，也难以巩固。因此，在委托合同关系成立并生效后，如果一方对另一方产生了不信任，可以随时终止委托合同。委托合同可以是有偿合同，也可以是无偿合同。同样，委托人和受托人在权利和义务上也是对应的。

委托人的主要义务是支付费用、支付报酬和赔偿损失。委托人应当预付处理委托书事务的费用。受托人为处理委托事务垫付的必要费用，委托人应当偿还该费用和利息。无论委托合同是否有偿，委托人都有义务提供或偿还委托事务必要的费用。受托人完成委托事务的，委托人应当向其支付报酬。因不可归责于受托人的事由，委托合同解除或委托事务不能完成的，委托人应当向受托人支付相应的报酬。当事人另有约定的，按照其约定。委托人经受托人同意，可以在受托人之外委托第三人处理委托事务，但因此给受托人造成损失的，受托人可以向委托人要求赔偿损失。受托人处理委托事务时，因不可归责于自己的事由受到损失的，可以向委托人要求赔偿损失。

受托人的主要义务是按指示处理委托事务、亲自处理委托事务、委托事务报告和转交财产、披露委托人或第三人以及承担赔偿。

受托人应当按照委托人的指示处理委托事务。需要变更委托人指示的，应当经委托人同意；因情况紧急，难以和委托人取得联系的，受托人应当妥善处理委托事务，但事后应当将该情况及时报告委托人。

受托人应当亲自处理委托事务。经委托人同意，受托人可以转委托，转委托经同意的，委托人可以就委托事务直接指示转委托的第三人，受托人仅就第三人的选任及其对第三人的指示承当责任。转委托未经同意的，受托人应当对转委托的第三人的行为承担责任，但在紧急的情况下受托人为维护委托人的利益需要转委托的除外。

受托人应当按照委托人的要求，报告委托事务的情况。委托合同终止时，受托人应当报告委托事务的结果。委托人处理委托事务取得的财产，应当转交给委托人。

受托人以自己的名义与第三人订立合同时，第三人不知道受托人与委托人之间代理关系的，受托人因第三人的原因对委托人不履行义务，受托人应当向委托人披露第三人，委托人因此可以行使受托人对第三人的权力，但第三人与受托人订立合同时，如果知道该委托人不会订立合同除外。受托人因委托人的原因对第三人不履行义务，受托人应当向第三人披露委托人，第三人因此可以选择受托人或者委托人作为相对人主张其权利，但第三人不得变更选定的相对人。

有偿的委托合同，因受托人的过错给委托人造成的损失的，委托人可以要求赔偿损失。无偿的委托合同，因受托人的故意或者重大过失给委托人造成损失的，委托人可以要求赔偿损失，受托人超越权限给委托人造成损失的，应当赔偿损失。

发包方委托监理人履行监督项目施工，充当发包方在施工现场的专业技术骨干，履行发包方的业务职能，监督承包方按照国家规范、地方行业规范、合同、施工蓝图进行施工，通过监理人的管理职能使得项目有法可依、有规可依、有据可依，避免项目管理失控。发包方委托咨询公司做的一些专业方面的咨询也是一样。仔细观察可以发现，发包方委托监理人和咨询公司都有一个共同的特征就是委托的工作任务都面向第三方，原本由发包方直接与第三方开展工作的内容，邀请委托单位代其从事专业工作。

这样做出于两个原因，一方面是出于国家的规定，国家强制规定一部分项目必须要有监理监督是由于建设不可能掌握所有建筑方面的专业知识，邀请专业的监理机构出于弥补自身的专业不足；另一方面，对某一精深的专业知识只有受过专门训练的人才能胜任，发包方邀请专业人士承担这部分专业工作也是出于项目建设的实际需要。从以上分析可以得出，区别于承包方签订的施工合同，发包方与监理人、咨询方之间的关系为委托关系，他们签订的合同为委托合同。

三、项目团队的合同与管理关系

在项目的建设阶段，项目团队主要由发包、设计、监理、承包、咨询等单位组成。各个单位通过合同将彼此联系在一起，这里的合同签订方甲方应为发包方，发包单位在实际工作中通常被称为"甲方"；乙方应为：设计、监理、承包、咨询等单位。在这里，不包括设计、承包或咨询单位的分包行为，认为发包方与这些单位签订合同后，合同内工作都直接由这些单位自行完成。由第一部分与第二部分分析可知，发包方与其他单位之间的合同关系如表 2-1 所示。

发包单位与其他各单位的合同关系及主要内容　　　　表 2-1

	合同性质	持续时间	合同内容
设计	承揽	设计准备阶段、设计阶段、施工跟踪阶段	方案设计、初步设计、技术设计、施工图设计、施工阶段的设计管理
监理	委托	从项目开工到竣工全过程	完成合同规定的所有监理事项
施工	承揽	施工阶段、保修阶段	项目施工、项目保修
咨询	委托	项目从发起到移交①	所有关于项目的专业性事务

①：项目移交时，如果换了新的业主单位，咨询工作持续到移交结束；如果业主不变，则咨询工作一直持续到项目全寿命周期结束。

项目的合同关系反映了单位之间的契约关系。契约关系是在自由平等的基础上订立的，订立双方权利的实现是以双方责任的履行为基本前提。为了实现双方权利与责任，契约形式能够较好地体现该功能，而合同又是契约最普遍、最常见的形式。建设工程各方权利和责任的实现，需要借助各方都认同的媒介进行，这个媒介就是建设工程合同。表 2-1 较为详细地分析了一个普通项目各方订立的合同关系，描述了合同的基本性质、合同持续时间以及合同的基本内容。在实际的项目管理过程中，各方的管理职能首先体现在合同中，从合同的角度描述了各方管理与被管理的关系，因此，可以认为合同关系决定了项目中各方的管理关系。

无规矩不成方圆，项目团队在一起工作共事，必须遵守一致认同的规则，这个规则须在工作开始前达成一致，并在实际的工作中应有较强的可操作性，能为完成项目管理目标服务。这个各方都认同的规则就是管理办法。管理科学了，理顺了，工作才能正常开展；管理出现了问题，就不能很好地实现预定的项目管理目标。那么，一般的工程项目，其管理关系是怎样的呢？图 2-1 做了较为详细的回答。

很明显，发包方作为项目的发起人和资金的提供者，在团队内处于绝对的强势地位。发包方在项目中的中心和绝对领导地位决定了在项目中扮演管理者的角色，其他单位都是由发包方提供的资金开展项目建设工作。由图 2-1 可以看出，发包方与四个单位之间的关系都是管理与被管理的关系，发包方管理其余四个单位，四个单位对建设负责。在这个关系图中，建设与设计、施工签订的合同是承揽合同，主要负责项目的图纸设计和项目建造工作；发包方与监理、咨询签订的是委托合同，负责施工项目的现场监督和工程专业知识的咨询。监理和咨询合同虽然都是委托合同，但也有区别，前者需要常驻工地，代表发包方行使项目监督职能，行使的主体是监理人；后者属于直接出售专业知识服务，出售的专业服务（主要表现形式为咨询报告）由发包方直接用在项目管理中，行使的主体是咨询公司。此外，监理单位和施工单位之间虽然没有合同关系，但两者之间有业务关系，重点在监理人监督施工单位的施工行为。施工单位在施工过程中，发包方和监理人虽然都负有管理的责任，但两者有显著不同。前者主要负责项目协调方面的任务；而后者主要侧重于工程建设技术、进度、资金方面的监督，两者的侧重点有所不同。

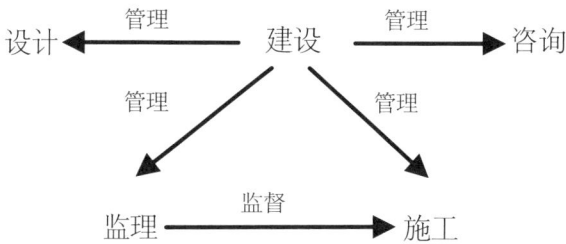

图 2-1　项目团队各方之间的管理或监督关系

四、建设工程合同文件的解释效力

既然建设各方通过合同关系联系在一起，合同就成了各方开展工作的依据和基础。项目建设过程中，几乎所有与项目管理直接或间接相关的业务都能在缔约的合同中找到相应的条款。合同作为项目建设前最有说服力的双边文件，是处理项目建设中各种纠纷冲突最直接的文件。众所周知，建设工程合同是由多个不同类型的文件构成的文件体系，但是每种类型的文件的效力是不同的，如果合同文件出现自相矛盾或者模糊不清时，有必要理顺各种不同类型文件的解释效力，并对它们进行合理的排序，确定哪个文件解释权在先，哪个文件解释权在后，在处理项目纠纷和冲突时，才能根据已有的书面文件，准确找到解释文件，做到有的放矢，有理有据。

国家《标准施工招标文件》通用条款中明确了关于合同文件的解释效力优先权的排序。通用条款规定合同组成的各项文件互相解释、互相说明。除专用条款另有约定外，合同文件的解释优先权排序如下：

（1）合同协议书；

（2）中标通知书或中标函；

（3）投标函或投标函附录；

（4）专用条款；

（5）通用条款；

（6）技术标准和要求；

（7）图纸；

（8）已标价工程量清单；

（9）组成合同的其他文件。

合同协议书一般反映了各方对项目的关键内容达成的一致性认可，其内容主要包括关于项目建设最为关键的管理、技术、资金方面的内容以及签订合同前所有已签订的补充协议，不排除合同签订后新补充的协议。合同协议书一般是在其他已有的资料基础上得出的，其解释的顺序应是最高的，换句话说，所有关于项目建设的问题都以合同协议书为解释的根本依据，一般建筑工程合同是在签发中标通知书后进行，因此，合同协议书的解释顺序要高于中标通知书或中标函。发放中标通知书或中标函一般发生在投标函或投标附录函之后，也就是说招标人发出中标通知书时，就已默认了投标人中的投标函和附录里面的内容，中标通知书的效力要高于投标函和附录。另外，专用条款和通用条款在招标文件中就已存在，投标人是在充分阅读招标文件并认同专用条款和通用条款后才做出的投标行为，投标函在解释顺序上要优于专用条款和通用条款，专用条款是专门针对项目提出的，要优于通用条款。图纸和已标价工程量清单是在国家和行业的规范基础上制定出来的，因此，规范解释顺序要高于图纸，图纸要高于工程量清单和其他技术类文件。可以对以上合同文件的解释顺序做一个总结：对于管理类文件，签署时间越近的文件解释顺序越高；对于各种技术类文件，技术文件越基础，解释顺序越高；管理类文件解释顺序高于技术类文件。

根据以上合同解释的原则，重要的问题应优先写入顺序较高的文件，最后确定的事宜和特别需要承诺或变通的条款应优先写入顺序较高的文件。关于合同文件解释顺序还有几点说明：

（1）如果双方对合同文件的解释顺序有特殊约定，双方宜在专用条款中约定，并优于通用条款。此外，国家还规定专用条款可对通用条款进行细化、补充，除通用条款明确作出专用条款可以做出不同的约定外，细化和补充的内容不得与通用条款相抵触，否则抵触内容无效；专用条款在遵守国家强制性法律法规的基础上，不得违背平等、自愿、公平、诚信的基本原则。

（2）施工期间签署的文件效力大于招投标时签署的文件。施工过程中，合同双方有关工程的洽商、变更等书面的指令或文件，因签订时间在后，双方就变更建设施工合同内容达成新的合意，该洽商、变更等书面文件在符合法律规定的情况下，应最优先解释适用。

（3）合同协议书中背离合同实质性内容的条款无效。根据《招标投标法》规定，招标人和投标人应当按照招标文件和投标文件订立书面协议，不得再行订立背离合同实质性内容的其他协议。因此，即使合同协议书签署在后，在合同的优先顺序中排名靠前，但其条款如果背离招标文件和投标文件中约定的实质性内容，应认定无效，须以合同的招标文件和投标文件约定的实质性内容为准。

理顺合同文件的解释效力排序，有助于建设管理项目团队，在合同与法理的层面都能找到处理问题的依据。项目管理团队建立了一个立体的合同体系，在该合同体系下，各方各司其职，都应积极扮演自身的角色，履行合同的责任与义务。

第三节　工程项目冲突来源

工程项目冲突作为冲突问题的分支，日益受到工程建设界的重视。冲突在工程项目中较为普遍，原因很多。几乎每个工程项目从发起到最后建成都会经历各式各样的冲突，近距离认识工程建设冲突不仅有助于全面看待工程建设中的诸多问题，也有助于对项目中一系列冲突进行有效管理。冲突管理是管理学的永恒话题，不管是冲突管理理论研究，还是冲突管理实务，无不反映了冲突问题在当今社会中的重要地位。管理的本质归根到底可以归结为冲突的管理，没有冲突也就不存在管理。项目管理之所以有存在的必要也在于项目建设中无法忽视的冲突问题，这些冲突反映了冲突双方的诉求，有诉求就有不满，为了项目能够正常开展下去，有不满就应管理。

对冲突问题的追根溯源有利于了解冲突的本质。什么原因引起的冲突？冲突有什么样的特性？冲突将会如何发展？将何去处？这些问题的回答须从探究冲突的来源开始。在第一章第二节中，本书讲述了冲突的来源和分类，分别从个体特征、沟通、组织结构、权力、利益、目标以及客观事件等几个方面对冲突的来源进行了叙述，作为进一步分析工程项目冲突来源的前奏，该节内容较为全面地总结了广义上冲突的主要来源。在本节中，结合工程项目本身固有的特性，将重点分析工程项目冲突的来源，考察项目管理冲突的成因，这些成果将为项目冲突管理服务。

工程项目在不同的建设时期内，冲突的来源和特点有较大差异。本节将根据工程项目在不同的建设阶段，对冲突的来源进行梳理。将项目的全寿命周期划分为若干个重要阶段，分别是项目前期、项目建设期和项目运营期。每一个阶段的冲突来源各不相同，对项目的影响程度也不相同。

一、项目前期

项目的前期主要包括项目规划和拆迁征地等工作。项目的前期较为关键，前期的工作是整个工程项目建设的基础，但前期工作也充满了各种影响项目后续工作的不确定因素。这些不确定因素引发了各种类型的冲突，项目若能妥善解决，项目能顺利转入建设期；相反，项目则可能会胎死腹中。项目前期的冲突主要为协调类冲突，主要集中在项目的发起、立项、编写可研报告阶段的冲突以及施工现场拆迁征地过程中的冲突。在项目的发起和立项阶段，主要是项目发起者与反对者之间的冲突。

案例 2-1

某地政府准备要在市中心建 CBD 核心区，由该市住房与城乡建设部门负责起草 CBD 可行性研究报告，起草后，住建部门将报告提交市人大常委会审议，人大常委会部分委员认为该市面积较小，人口也较少，而且地处西部地区，认为该地还不具备建 CBD 的客观条件，坚决反对该项提议。后经常委会投票表决，由于有部分委员反对该项提议，赞成票数未超过总人数的三分之二，该项目最终搁浅。

项目在发起立项阶段如果遭到决策者的反对，一般都会以失败为最终结局。该案例项目的发起者在多种因素的驱动下发起 CBD 项目，但与市人大常委会起了冲突，遭到大多数人的反对，项目在闯关过程中，便倒在了第一个关口。

如果项目顺利立项，拿到批文，接下来就应根据该市的规划，划出用地红线，拆除红线范围内所有建筑。拆迁征地工作被认为"天下第一难"。当局需要与房屋拆迁居民进行多轮拉锯式谈判，并深度博弈。网络媒体经常爆出某地的拆迁钉子户如何妨碍项目建设，成为媒体争相报道的对象。毫无疑问，拆迁征地工作对当地而言是一大挑战。

案例 2-2

某市要拓宽街道，在划定红线范围时，恰好有一处老居民小区处于红线范围内，小区生活的大多是该市中低收入阶层的居民。该市在征求相关部门的意见后，出台了房屋补偿办法。官方部门宣传发动不久后，部分居民以补偿标准过低为由，拒绝搬迁。双方发生冲突后，经过多轮谈判，僵持了一段时间后，问题一直未能得到很好的解决。由于几幢楼没有得到及时的搬迁，使得该项目一直处于搁置的状态，无法开工。

工程项目的建设环境一般都处于较为复杂的社会环境和自然环境。当地居民若不支持项目的上马，项目强行开工，轻则会引发居民门前抗议，阻挠施工；重则会引发严重的社会问题。2012 年，浙江宁波的居民就曾抗议 PX 项目落户宁波，宁波地方政府迫于民意压力，就放弃了该项目，官民之间的冲突最终以民的一方获胜为最终结局。案例 2-2 也有类似情况，小区居民因为自己的诉求得不到解决，遂拒绝了当局的拆迁方案，拆迁工作停滞不前，项目无法开工。官民的持续冲突给双方都造成了一定的损失。若要项目正常上马开工，发包方必须做好拆迁安置和居民安抚工作，解决好官民之间的拆迁安置冲突问题。

二、项目建设期

项目建设期主要包括两个阶段，第一个阶段是指项目建设准备期，包括项目团队的招标选择，与基础设施配套单位的协调，资金的落实准备等。第二阶段是指工程项目主体建设期，计算的时间节点从项目进场开工直到项目竣工全过程。项目建设期集中了项目管理绝大多数冲突，这些冲突或大或小，对项目的影响有严重的，也有不严重的。在项目建设准备期，冲突主要有项目团队选择冲突，团队选择冲突主要包括设计团队选择冲突、监理团队选择冲突、施工团队选择冲突和咨询团队选择冲突，冲突的来源在于团队的比较选择。

案例 2-3

某建设单位拟对某项目的施工单位和监理单位进行招标，施工单位的技术评标结果前两位的分别是 A 公司和 B 公司，两家公司最后得分情况比较接近，但 B 公司与建设单位有长期合作的背景，合作信誉良好，而 A 公司属于初次合作，但业界口碑良好。监理单位进入技术评标结果的前两位是 C 公司和 D 公司。D 公司的标书显示 D 公司与 B 公司有过多年搭档的经验，而且 B 公司所获得的多个省部级奖项均是与 D 搭档获得的。评标委员会的主要职责在于选出既要可靠，投标报价又要合适的合作单位，这样的局面让评标委员会犯了难。评标委员会经过几轮讨论协商，综合权衡后，对入选单位进行综合评判，决定选择 B 公司作为施工单位、D 公司作为监理单位。

A 公司、B 公司作为施工单位和 C 公司、D 公司作为监理单位总共有四种组合情况，分别为 A 和 C、A 和 D、B 和 C、B 和 D。四个公司凭借自己专业、信誉方面的优势入选初选名单，理论上都有资格进入最后的选择名单。无数工程建设经验表明，一个优秀的施工企业一般与优秀的监理企业搭档，才能做出最优秀的项目。对于该项目而言，合适的单位组合可能比单个企业自身的优势重要得多。比较该项目的四种组合，可以发现四种组合都非常优秀，评标委员会面对这种情况一定会难以抉择，委员会内部势必会出现选择冲突，每人对每个选择组合可能都会有一定的倾向性，难以达成一致。这种选择性冲突迫使评标委员会做出艰难的选择。经过商议，委员会最终选择对项目能带来实际效益的组合方案 B、D 组合。仔细分析可以发现，B 公司代表可靠，A 公司代表着口碑，选择 B 公司实际上选择了可靠，当可靠遇到口碑时，建设单位选择了可靠。虽然监理公司 C 的技术得分排在 D 的前面，但 D 公司与 B 公司有着良好的合作记录，共同获得多个奖项证明了他们合作的默契性。最后，建设单位选择了 D 公司作为监理单位候选人。

从该案例可以看出，当面临选择性冲突时，评标委员会中核心决策者的倾向性成为影响评标结果的主要因素。

项目动工前，需要做好通水、通路、通电工作，即所谓的"三通"工作。这些工作需要其他配套单位配合完成。配套单位主要包括供水公司、供电公司、通信（广电）公司、燃气公司、供暖公司等，这些公司为居民提供了基本的生产生活条件，是每个项目都必须具备的（供暖公司除外）。然而项目动工后，有部分配套单位要增加施工成本，本身并没有增加实际收益，从配套单位自身来看，对这些工作并不是特别积极。在这样的背景下，发包方要协调配套单位工作就存在较大的难度，双方很容易就此事起冲突。

案例 2-4

东部某县计划在县城的中心建设一座能容纳 800 名观众的大剧院，该项目被列为当年该县重点项目。项目在开工前需要通电、通水。建设单位县城市建设有限公司给县自来水公司和供电公司发函称要求两家公司在一个月内做好现场通水通电工作，但两家单位均以建设单位没有在函件中明确由谁来承担施工成本为由，迟迟拖延，未按照函件的要求进入施工现场。建设单位几经催促，均无功而返。无奈之下，建设单位将此事反映至上级主管部门，上级主管部门趁县委定期召开县重点工程会议期间，将此事向县主管领导汇报。经县主管领导主动介入干预，此事才得以顺利解决。

不久，施工单位进驻现场，准备土方开挖。但是县城中心地下管线情况复杂，从县城建档案部门调取该区域地下档案发现，移动通信光纤的搬迁和移位需供水部门配合，移动公司单方面知会供水公司，要求配合工作。供水公司认为移动公司不是其上级主管单位，其下达的指示无效，移动通信公司将此事告知建设单位，建设单位为此事多次召开协调会议，并承诺两个单位的施工和配合工作费用均由建设单位承担，并现场指挥协调，提供工作平台，三方就此事签订了备忘录。很快，工程得以顺利推进。

大剧院在开工前期，两次项目受阻都是因为建设单位与配套单位、配套单位之间的冲突耽搁了项目的工期。工程项目的建设是一个系统工程，

需要方方面面的支援配合，做好与配套单位之间的管理工作是减少化解冲突的关键。

项目在主体工程建设期，冲突集中爆发。如果以项目团队某一单位进行划分，可以将冲突分为单位内部冲突、单位之间冲突及外部环境冲突等三种类型。单位内部冲突主要源于项目资源优先级、管理流程、人力资源统筹安排以及成员个性等多个方面。

如果公司内部同时存在多个在建项目，就存在投入该项目资源多寡，哪个项目优先享受公司资源的问题。比如施工单位同时在建有五个项目，某时刻施工单位的资金只够支付三个项目的施工费用，这就涉及哪些项目能在当月获得资金投入的问题，项目之间存在优先冲突。项目资源优先冲突不仅在施工单位，在建设、监理、设计单位内也不同程度存在。管理流程也是单位内部的冲突来源，合理高效的管理流程不仅能防范工作人员投机事件的发生，而且有助于公司内部信息公开透明。相反，如果管理流程不完善，缺乏科学合理的设计，会使相关人员产生不满情绪，冲突随之产生。然而管理流程的科学设计不是一蹴而就的，需要在工程实践中不断规范，修改和完善，最终使得管理流程与项目建设相适应。人力资源是公司的第一资源，公司内部人员的流动性管理是公司管理的重要内容。人员转岗、上调、离职的增多使得招揽合适的项目管理人员变得困难，项目管理能力强的人员各个项目部都在争抢，优秀的员工成为各个项目冲突的焦点；能力一般或者负面评价较多的员工各个项目避之不及，同样会产生冲突，所以人力资源安排考验着公司人力资源部门决策的科学性和正确性。项目团队同一单位的成员相处是否融洽会影响项目管理的效率，在这里，成员的个性起到关键的作用。成员个性越是互相吸引越能凝聚团队，增强团队的战斗力；相反，则团队内部冲突内耗不断，将会严重打击成员的积极性。

单位之间冲突主要有项目质量、成本、进度冲突；管理流程冲突；成员个性冲突等。项目质量、成本、进度冲突在项目主体建设期成为最主要冲突来源。建设各方围绕项目建设质量、成本和进度目标展开了反复博弈，都期望从项目建设中获得最大的收益，由于各方在现有条件下很难将各方的利益统一起来，在日常项目管理中，冲突便成为常态。项目主体建设期的冲突管理成为项目能否取得成功的关键。

案例2-5

某工程项目基础工程验收完工后，不料天气进入梅雨季节，连续多日的强降雨导致基础被水浸泡长达三周之久，基础工程受雨水浸泡质量受到很大影响，在受损基础未及时得到修复的情况下，发包方要求施工单位尽快复工。当项目主体工程完成一半以后，发现已完工主体工程不同程度地出现墙体开裂，基础下沉等严重现象，项目被质监部门要求暂停施工，责令项目管理人员对已出现质量问题的部位进行处理。承包单位认为主体工程出现质量问题是由于基础工程未及时得到修复，项目仓促上马导致，要求发包单位承诺承担全部返工修缮费用；发包单位则认为基础完工后，是经过质监部门验收合格的，不存在质量问题，并认定是由于施工单位修建的主体工程的质量问题造成的，维修费用应由施工单位自行承担。由于责任认定并不能达成一致，双方冲突僵持了一段时间后，造成项目工期被拖延。三个月后，发包方邀请了一家国家级的检测单位对此质量事故进行第三方评估，评估结果出来以后，认定这起质量事故是由于基础被雨水浸泡后产生的质量问题导致其不能承受主体结构荷载而造成基础下沉，并出现墙体开裂现象。发包单位和承包单位签订了协议，承诺返工修复的费用由发包单位承担，工期延误部分需要赶工，赶工费用由发包方承担，工期延误期间承包单位的损失可以向发包单位索偿。

这起由于项目质量冲突而引发的冲突最终通过第三方的客观评估告一段落。由于项目的基础工程已经验收了，被梅雨浸泡后，发包单位由于工期压力，仓促要求施工单位上马施工，为后来的质量事故埋下了伏笔，第三方的评估结果明确认定责任为发包单位，使发包与承包单位的冲突顺利得到解决。

案例 2-6

某市图书馆工程采用 BT 项目模式进行建设。发包方为市城投公司(简称城投公司),投资方为省基础建设投资集团有限公司(简称基投集团),监理单位为某监理公司(简称监理公司),承包单位为某建设集团(简称建设集团),项目采用 BT 项目联合体的模式,联合体的牵头单位为基投公司,成员单位为建设集团。在项目管理过程中,牵涉到联系单流程合理性问题,由于该事项在会中并未明确,在实际工作过程中,联系单牵涉单位甚多,各个单位的签字流程便成了冲突的焦点。施工单位排在第一位,填写申报联系单内容,此事项无争议。关键是哪家单位应排在第二位,是基投公司还是监理公司?基投公司认为作为投资方,自己履行的是实际项目管理职责,在现场管理施工单位,并主管资金监管,应排在监理公司之后;但监理公司对此有异议,认为基投公司与施工单位是联合体,他们有部分的共同利益,而监理单位维护的是项目和发包方的利益,签字流程应排在基投公司之后。双方你来我往,各执一词,互不相让,冲突矛盾不断升级,承包单位填写的联系单由于迟迟得不到签字,在施工现场闹起了罢工。城投公司眼看项目要停工,旋即为此事专门召开了协调会,最后,城投公司认为基投公司作为 BT 项目关键的一环,身份不同于一般项目,基投公司既是 BT 项目资金的提供者,还是建设集团管理项目的重要助手。基投公司代为发包方管理项目的职能得到强化,而联合体的做法纯粹是为了方便建设管理,同时减少了各方管理成本,也就是说弱化了基投公司联合体的身份,而监理公司主管项目技术,应排在建设集团之后。会后,各方就联系单的流程顺序达成了一致:建设集团→监理公司→基投公司→城投公司。

管理流程冲突在项目管理中较为常见。特别是项目管理模式复杂化后,项目管理各方为了本单位的利益,都希望在管理过程中争取到有利位置,冲突就产生了。虽然项目管理模式复杂了,但管理路径依旧存在,缘由依旧可寻。理顺管理流程,做到各方信服和认同在工作中非常重要。管理流

程冲突本质上反映了单位之间利益冲突，是利益争夺的直接体现。

外部环境冲突源于不以人的意志为转移的客观事实，对项目的影响较大。外部环境包括两个方面，一是社会环境；二是自然环境。外部环境发生变化后，工程项目团队对外部环境冲突主要有两种反应。如果环境变化对项目建设有破坏性，则项目团队需要竭尽全力对该变化的外部环境进行抵抗，尽量减少对项目的影响；若是一般性的环境变化，则项目团队需要做的是调整自己，让项目适应新的环境。外部环境冲突的表现主要有：①宏观政策调整；②自然灾害；③社会干扰；④突发事件。

案例 2-7

某自来水厂采用 BOT 模式建设，项目建成运营了一段时间后，发包方提出自来水厂要提前回购。经协商，发包方除了承诺给予投资商协议上的收益外，还给予一定的额外补偿，投资商以社会利益为考虑出发点，顾全大局，接受了谈判条件，并在协议书上签了字。

按照原协议，自来水厂的特许权期满了之后，发包方可以直接回购了，但如果发包方要求提前回购项目，则投资商的账面预期收益就很难实现。发包方提出回购项目，其本质是违反合同内容，属于单方违约行为。发包方违约，需要支付违约金给另一方，双方商定的补偿标准客观公正，既能对投资商进行安抚，对发包方和社会也有利，真正做到三方共赢的结果。

自然灾害对项目的影响是巨大的，地震、水灾、火灾、泥石流等自然灾害无不威胁着已建和在建的项目。对在建项目而言，常见的自然灾害主要有水灾、火灾、低温等主要形式。自然灾害的不确定性和偶发性使得预防灾害猝不及防，产生的危害更大。广大工程技术人员应重视工程项目的减灾和防灾工作，项目经理应加强在建工程防灾减灾方面知识的学习，提高灾害的防范意识。

案例 2-8

某住宅小区地处高纬度地区，项目计划施工到 11 月中旬，10 月底的某一天，项目遭遇了 50 年一遇的极端低温天气。现场管理人员和一线作业人员为了保护已建工程，采取抢救式保护措施，保护措施主要有：①对已浇筑且尚未达到终凝强度的混凝土采用覆膜保温措施，防止混凝土被冻坏；②对尚未达到初凝强度的混凝土进行蒸汽养护；③对部分施工用水管道采取覆草保温，防止冰冻后胀坏管道；④对施工场地铺撒工业盐，降低冰点，防止车子打滑和行人跌倒；⑤施工现场除部分需要低温保护作业的人员外，为保障作业人员的健康权和人身权，其他人员一律休假。不久，除了局部区域因为没有足够的薄膜对混凝土进行覆盖而被冻坏以外，其他采取保护措施的混凝土均顺利度过低温天气。未能覆盖部分的混凝土被冻伤后，承包单位对冻伤部位进行凿除的同时，还进行了必要的修补。

项目管理人员需要经常面对自然环境冲突，恶劣的自然环境对工程项目的质量和工期都造成了相当的威胁，如何抵御自然灾害形成的不利影响，使项目能够在恶劣的自然环境下生存下去需要项目团队共同思考的问题。案例 2-8 描述了一个项目管理团队如何抵抗和应对恶劣自然环境的案例，生动地诠释了项目与自然环境发生冲突时，人类为了保护已有物质文明所作的努力。

社会干扰冲突影响着工程项目。社会干扰主要是出于某种目的，阻止施工的正常进行，通过妨碍工程的正常施工，以实现自己诉求。项目是否受到社会干扰在项目论证阶段或者可行性研究阶段就该完成，可以通过调查问卷的方式调查项目周边的民众对项目的态度。如果周边民众对项目不支持，可以进一步调查不支持的原因，如何解决等，相反，如果不存在干扰因素，项目在推进过程中，不会受到较多社会干扰。有些社会干扰可能来自项目前期或建设期，如何处理好社会干扰是每个项目经理都需要做好的一门的必修课。

案例 2-9

某新建小区为了加快施工进度，需要在夜间进行桩基施工，但施工单位并未将夜间施工事项告知周边的居民小区，多日连续的夜间施工产生的噪声不仅严重影响了周边居民的生产生活，而且产生的光污染时时刻刻威胁着居民的夜间睡眠。居民们写信给施工企业投诉他们的夜间施工行为，要求他们立即停止施工，施工单位为了自身的利益，无视居民的投诉，继续夜间施工。施工单位不予理睬的态度激起了群众愤怒，附近几个小区的居民联合起来在项目部办公室抗议，要求项目方给出说法，并表示如果施工方不停止夜间施工，将占领工地，强行阻止项目施工。项目发包方见事态严重，立即约见了施工项目经理，要求立刻拿出解决方案。项目经理先对办公室内的群众进行安抚情绪，承认这次事件的责任方在施工方，并向受影响的居民道歉，承诺夜间 20 点之前会停止施工，保证居民正常的睡眠时间。同时，施工单位将会在附近几个邻近小区内粘贴告示，告知居民新建小区内夜间施工的情况，希望附近小区居民做好准备。第二天，施工单位就立即履行了承诺，抗议群众散去，项目顺利进行。

社会干扰冲突须引起项目团队的重视，其危害性虽然没有自然灾害来的直接，没有政策调整那样有一个相对较长的适应缓冲期，但它对项目的干扰轻则影响项目工期，重则使项目停工，各方均会面临损失。对于社会干扰冲突，各方须团结一致共同予以应对，给项目营造一个宽松稳定的外部环境。

三、项目运营期

项目建成交付后，接着就进入了实际运营期。项目运营期的业主可以是施工阶段的原业主，也可以是新业主。依据工程项目的性质，可以将项目分为盈利性的和非盈利性两大类。两种不同类型的项目在实际运营期时所遇到的冲突是不同的。对于非盈利项目，例如居民楼、学校、公园，在项目交付后，首先面临的是业主与直接管理部门之间的冲突，其次是政府政策的调整和可能面临的自然灾害等。对于盈利项目而言，比如商业地产、采用 PPP 模式并带有运营回报特征的国有项目，这些项目除了具备非盈利性项目所具有的常规冲突外，还面临项目的偿债和盈利能力冲突问题，项目是否盈利，取决于项目运营期业主的经营能力，业主经营得力，项目顺利实现盈利，否则会出现亏损。在经营过程中，经常会出现项目预期盈利目标与实际盈利目标之间的冲突，这些冲突迫使业主想尽一切办法去解决。

案例 2-10

某房地产项目出售交钥匙后，新的业主纷纷装修入住。在装修入住过程中，物业公司提出为了保证项目的美观与整齐划一，对外立面有统一的规定，外立面安装的衣架要采用规定的颜色和材料，空调外机的要安装在固定的位置。但在实际装修过程中，出现了新的情况。一些经济条件较为富裕的业主认为衣架的材料太差，自己需要外挂晾晒的衣物较多，提出希望物业公司能放宽尺度，自己选取的颜色与物业规定的颜色，在较为相近的前提下，可以自主选择材料。然而，后来这些业主选取衣架的颜色与物业规定的颜色存在明显区别，这些业主擦边球的行为立即引起了其他已安装衣架业主的强烈不满，并要求物业给出说法。多次协调未果后，其他业主在物业办公室内静坐、与工作人员理论，并提出物业方要承担衣架整改返工的费用。抗议业主与物业发生数次冲突后，物业公司只好无奈睁一只眼闭一只眼，最终的结果是业主们各行其是，各种颜色和材质的晾衣架陆陆续续在外立面安装，建筑的外立面形象受到很大破坏。

项目进入运营期后，首先面临的冲突就来自项目的直接管理部门。管理部门强调的是整体利益，忽视个体利益；而项目业主正好相反，强调的是个体利益，不太关心整体利益。在这样的局面下，管理部门与业主之间的冲突会经常发生，为了解决好两者的日常性冲突，通常有三种解决冲突的策略：一是管理部门让步，突出业主的利益，这样的结果是整体利益得不到保障，最终损失方甚至可能是业主们；二是业主让步，管理部门强势，这样的结果是项目整体利益得到保障，可能会损失部分业主的个体利益；三是两者都退让一步，一方面整体利益得到保障，另一方面也兼顾到了个体利益，但这种策略最难实现，管理难度也最高。两者最终会采取怎样的一种策略完全取决于管理部门与业主之间的激烈博弈。案例 2-10 中两方博弈的结果属于第一种情况。

案例 2-11

某自来水项目采用 BOT 模式建设，BOT 协议规定在项目进入运营期后，如果出现物价上涨较快的情况，或自然灾害，或其他影响项目经营的因素发生，投资经营方可以自行更改经营方案，但需经甲方单位批准。项目经营的第五年，出现了 50 年一遇的干旱天气，持续的干旱天气使得项目难以获得充足的水源，眼看着项目的账面利润难以实现，投资方向甲方提出了新的项目经营方案，新的经营方案主要有以下几点：①提高供水价格，由原先的 1.98 元 /t，提高到 2.16 元 /t；②甲方作为政府单位的代表，协助投资方寻找新的水源；③对市内另一家公益供水厂进行管制，要求其每日的供水量控制在 80 万立方米，价格应适当提高；④甲方应在市内主要媒体公布供水价格提高的信息。新的经营方案经甲方及邀请的专家进行评估后，认为投资方的方案基本符合 BOT 合同的精神，对新方案批复如下：原则同意提高供水价格方案，要求投资方出具供水价格提高到 2.16 元 /t 的测算方案；寻找水源属于供水厂的日常管理业务，甲方不便参与；为了不使投资方的预期收益受到很大损失，原则同意与另一家供水厂进行会商，控制日供水量，提高价格涉及听证程序，工作须进一步推进后才能确定，如果达不到预期的价格提高程度，甲方承诺会向市政府申请财政补贴给投资方；调整供水价格的事项应由投资方自主进行。

案例中采用 BOT 管理模式的自来水项目在特许权期内属于盈利项目。在经营过程中，不确定因素较多，势必会影响到项目的预期收益。除了需要在 BOT 合同中约定规避风险的若干条款外，还需要在实际的项目管理过程中多想办法，对可能出现的风险因素采取必要的应对措施，防止项目出现较大损失。以上案例属于项目在实际运营中出现了经营冲突的经典案例，干旱的天气影响了项目的预期盈利，这样的客观事实迫使投资方启动协议内的调整经营方案，这种偿债与盈利冲突的应对能力是项目实现预期收益的有效保障。

第四节 合同与冲突

所谓合同，是指平等的当事人或当事双方之间设立、变更、终止民事关系的协议，受法律保护。双方将合作的需要和涉及的权力义务都写进合同中，作为双方在这些条款上都已经达成了一致的意思表示。签订合同后，需要双方共同依照合同履行义务，同时享受义务带来的权利。一般合同没有纯粹的义务合同或完全的权利合同，鉴于合同在规范双方民事行为中的特殊作用，无论是发包方，还是承包方，作为建设工程基本主体，有必要认识了解合同，才能最大程度上发挥合同在项目建设中的作用。

一、合同的法律特征和分类

人们在长期的交换实践中逐渐形成了许多交换的习惯和仪式，这些商品交换的习惯和仪式便逐渐成为调整商品交换的一般规则。随着私有制的确立和国家的产生，统治阶级为了维护私有制和正常的经济秩序，把有利于他们商品交换的习惯和规则用法律形式加以规定，并以国家强制力保障实行，于是商品交换的合同法律便应运而生了。从合同的字面上也可以进一步理解，"合"是指大家合在一起就某一事项进行商议或协商，"同"是指协商商议后,大家对事项取得了共识,也就是"同"意了,由此形成"合同"。合同的形式可以有口头形式，也可以是书面形式。广义上的合同是法律部门确定的权利、义务关系的协议，狭义上的合同是指一切民事合同。合同是适应私有制商品经济的客观要求而出现的。

1. 合同的法律特征

自合同诞生起，合同就具备以下法律特征：

（1）两个以上法律地位平等当事人意思表示一致的协议。首先需要强调的是双方法律地位平等，如果双方地位不平等，一方胁迫另一方签订合同，这样签订的合同无效。其次，必须是签订合同的双方意思表示一致，如果双方对合同内容有不同的理解或者不认同，在签订合同前应互相协商，修改合同内容，待双方达成一致意思后再签订合同。如若合同签订后，其中一方对合同内容与另一方理解不一致引起的纠纷和冲突，应请求第三方对内容进行解读，以大多数理解为准。

（2）合同以产生、变更、终止债务债权关系为主要目的。合同伴随着双方的合作开始而产生，以合作的结束而终结。因此，可以认为合同的存在具有一定的条件，双方合作的开始，也就是双方债务债权的开始，标志着合同的产生；双方合作的结束，债务债权的结束，标志着合同的结束。在履行合同期间，还可以对合同内容进行变更，但这种变更需建立在双方达成一致的前提下进行。合同的存在具有一定的阶段性意味着在订立合同时，需要明确说明合同生效和终止的时间。

（3）合同是一种民事法律行为。民事法律行为要求行为人承担其行为的法律责任，即自合同订立后，行为人已确认承担合同条款中规定的责任与义务，若不履行，愿承担合同规定的后果，若后果无法兑现，将诉至法院并承担法律责任。合同的这个特性决定了双方不愿、不敢随意违背终止合同，否则后果代价很严重。

2. 合同的分类

合同的分类很多，可以根据合同的特点将合同划分以下几类：

（1）单务合同和双务合同。单务合同是指合同的当事人仅有一方承担义务；双务合同是指合同的双方当事人互为义务的合同关系。一般建设工程合同属于双务合同，甲方负有提供建设资金的义务，乙方负有承担项目建设的义务。

（2）有偿合同和无偿合同。有偿合同是指一方通过履行合同规定的义务而给付对方某种利益，对方要得到该利益必须为此支付相应代价的合同。无偿合同是指一方给付某种利益，对方取得该利益时并不支付任何报酬的合同。建设工程合同通常是有偿合同。

（3）有名合同和无名合同。前者又称典型合同，是指法律上已经确定了一定名称和规则的合同；后者又称非典型合同，在法律上并未取得一定名称和规则的合同。建设工程合同一般是有名合同。

（4）要式合同和非要式合同。要式合同是指法律或当事人约定必须采用特殊形式订立的合同；非要式合同是指无需采取特定形式订立的合同，建设工程合同一般属于要式合同。

（5）主合同和从合同。前者是指不依赖其他合同而独立存在的合同；后者是指以其他合同的存在为前提的合同，又称为附属合同。

（6）实践合同和诺成合同。前者是指当事人双方意思表示一致以外尚须交付标的物才能成立的合同。在这种合同中，除双方当事人的意思表示一致外，还必须有一方实际交付标的物的行为，才能产生法律效果。实践合同必须有法律的特别规定，比如，定金合同，保管合同等。诺成合同是指当事人一方的意思表示一旦经对方同意就能产生法律效果，即当事人双方达成一致的意思表示合同就成立。建设工程合同可能是实践合同，也可能是诺成合同。

二、合同的生效和约束力

根据合同法的规定，依法成立的合同，自成立时生效。合同的成立，是指双方的当事人依照法律对合同的内容和条款进行协商并达成一致。合同成立的判断条件是承诺是否成立。而合同生效，是指合同产生法律上的效力，具有法律上的约束力。通常合同依法成立之际，就是合同生效之时。两者在时间上是同步的。但是《合同法》还规定，法律、行政法规规定应当办理批准、登记等手续生效的，合同经批准、登记后即生效。合同生效必须满足四个条件，可以归纳为：①双方当事人应具有实施法律行为的资格和能力；②当事人应是在自愿的基础上达成的意思表示一致；③合同的标准和内容必须合法；④合同必须符合法律规定的形式。

合同的法律约束力，应是法律赋予合同对当事人的强制力，即当事人如违反合同约定的内容，即产生相应的法律后果，包括承担相应的法律责任。约束力是当事人必须为之或不得为之的强制状态，约束力或来源于法律，或来源于道德规范，或来源于人们的自觉意识。当然，源于法律的法律约束力，对人们的行为具有最强迫约束力。

合同的约束力主要表现为：①当事人不得擅自变更或者解除合同；②当事人应按合同约定履行其合同义务；③当事人应按诚实信用原则履行一定的合同外义务，如完成合同的报批、登记手续以使合同生效。

自合同成立起，合同当事人都要接受合同的约束。如果情况发生变化，需要变更或解除合同时，应协商解决，任何一方不得擅自变更或解除合同。除不可抗力等法律规定的情况以外，当事人不履行合同义务或履行合同义务不符合约定的，应承担违约责任。合同书是一种法律文书，当事人发生合同纠纷时，合同书就是解决纠纷的根据。依法成立的合同，受法律的保护。

三、无效合同和可撤销合同

无效合同是指合同内容或者形式违反了法律、行政法规、强制性规定和社会公共利益，因而不能产生法律的约束力，不受法律保护的合同。无效合同的特征是：①具有违法性；②具有不可履行性；③自订立之时就不具备法律效力。《合同法》规定，有下列情形之一的，合同无效：①一方以欺诈、胁迫的手段订立合同，损害国家利益；②恶意串通，损害国家、集体或者第三人利益；③以合法形式掩盖非法目的；④损害社会公共利益；⑤违反法律、行政法规的强制性规定。

针对建设工程合同具有的特殊背景，该领域的无效合同有以下几个情形：①承包人未取得建筑施工企业资质或者超越资质等级的；②没有资质的实际施工人借用有资质的建筑施工企业名义的；③建设工程必须招标而未招标或招标无效的；④承包人非法转包、违法分包建设工程或者没有资质的实际施工人借用有资质的建筑使用企业名义与他人签订建设工程施工合同的行为无效。

所谓可撤销合同，是指因意思表示不真实，通过有撤销权的机构行使撤销权，使已经生效的意思表示归于无效的合同。《合同法》规定，下列合同当事人一方有权请求人民法院或者仲裁机构变更或者撤销：①因重大误解订立的。②在订立合同时显失公平的。一方以欺诈、胁迫的手段或者乘人之危，使对方在违背真实意思的情况下订立的合同，受害方有权请求人民法院或者仲裁机构变更或者撤销。当事人请求变更的，人民法院或者仲裁机构不得撤销。

如果建设工程合同的签订存在无效合同的情形，即存在①～④的情况，则应判定合同无效。对已开工的项目，要进行已完成工程量的结算工作，在消除①～④的情况下对项目重新进行招标，签订合同。而可撤销合同与无效合同有显著不同，可撤销合同只要有一方没有提请合同的变更或撤销，合同依然有效，只要双方继续履行合同关系即可。当然，可撤销情形中签订合同的一方一般都处于弱势，在合同内并未享受到平等待遇。可撤销合同经过撤销行为可以变成无效合同；但是无效合同则无法变为可撤销合同，两者的关系是不可逆的。

四、合同的不完备性

外在世界复杂多变，以及将来可能发生事件的不确定使得合同各方的当事人没法对将来在合同的履行过程中所要发生的事件做出预测；就算可以做出预测，也很难对每一个事件用准确的语言进行描述，就算可以进行准确的描述，由于不完全信息的存在，也会导致当实际的事件发生时，合同各方的理解不一样，最终导致冲突的发生。这就是所谓的合同不完备性。

合同一般可以分为完备性合同和不完备性合同，完备性合同是指合同在订立的过程中考虑了合同在履行中所有可能出现的事项和风险，并将这些事项和风险明确地规定双方应承担的责任和义务，在合同履行过程中，所发生的所有纠纷都能在合同中找到解决的依据。因此，此合同可以认为是可以执行的最优合同，但完备合同需要建立一系列的假设，且不论这种假设能否覆盖到所有事件和纠纷可能出现的情况，单就完备合同中列出的条款数量上已是巨大的。然而工程项目的特殊性和唯一性决定了每个项目在建设过程中可能出现的情况是极其复杂的，且都各不相同，签订合同的双方都不可能考虑到所有可能出现的情况，也就是说人的思维、理性是有限的，这说明完备性合同是理想状态，不完备合同才符合实际情况。

不完备合同主要体现在合同条款遗漏、合同条款矛盾、合同条款规定不明确、合同条款不详尽、合同条款重复、合同条款可操作性差、合同条款不平等、合同条款衔接不紧、合同条款不规范、合同条款时效性差、合同内规定与实际不符、合同规定不清楚及用词不准确等多个方面。既然不完备合同才是常态，那么合同的不完备部分就有可能产生冲突和纠纷。在合同的不完备特征条件下，如何解决冲突和纠纷之前，有必要阐述影响合同不完备性的几个主要因素，这些因素对合同的不完备性特征影响较大，在起草合同时，需要重点考虑。

1. 有限理性

在建筑工程领域，有限理性主要包括两个方面。一是工程项目所面临的环境是极其复杂的，自然环境中突遇的各种自然灾害让工程项目处于危险境地，防不胜防；频繁的自然灾害更是使项目处于灾难的环境中，让人绝望。有些自然灾害虽然有心理准备，但表现在合同上还是希望这些自然灾害不要发生；有些自然灾害认为绝对不会发生，双方都没有将此类自然灾害写进合同。然而小概率事件并不是不可能事件。灾害一旦发生，小概率就成了必然。没有出现在合同中的事件在项目中出现了，无论该事件是否是小概率，对该事件而言，合同是不完备的，主要原因是人的思维和理性无法洞察出在现有条件下小概率事件发生的趋势。同自然环境一样，社会环境也是极其复杂的，合同当事人无法预测项目在建设过程中可能出现的种种突发和不利事件，这是由人的有限理性决定的。与自然环境和社会环境组成的外部世界接触越多，不确定性就越大，信息也就越不完全；接触时间越长，不确定性就越大，信息同样越不完全，越体现合同的不完备性。人的有限理性使项目在与外部事件接触越多、时间越长的情况下，合同不完备性体现得越明显。总之，人的有限理性与合同的不完备性成正相关。

案例 2-12

国内某海外公司通过 PPP 模式承担了利比亚某水库发电项目，项目主要采用 BOT 模式运营，当项目建设到大半，投资已近 3.5 亿美元时，由于利比亚国内政局不稳，国内爆发战争，战争波及水库项目，将已建成的建筑物轰炸成一片废墟。由于 PPP 合同条款并未涉及项目遭遇战争的解决办法，而这个问题在合同中又处于盲区状态。由于在合同中找不到相应的依据，海外公司向利比亚国内相关机构索赔时，遭遇重重困难，双方因索赔问题难以达成一致，冲突持续不断。最终海外公司索赔失败，3.5 亿美元的投资打了水漂。

水库发电 PPP 项目合同由于战争问题条款的不完备使得当利比亚国内发生战争导致项目失败之后的损失无法找到索赔依据，直接造成投资商投资失败，蒙受巨额损失。合同双方的有限理性因素致使他们没有对利比亚国内的局势做出准确的判断，并默认利比亚在项目建设期间具备稳定政治局势这样的基本条件。随着社会环境风云变幻，意想不到的变化使投资商的收益面临巨大风险，案例中的政治风险却活生生地变成了现实。

2. 不完全信息

普遍的观点认为不完全信息包括信息不对称和不确定信息两类。信息不对称是博弈论经常提到的概念，是指合同双方当事人的一方拥有但是另一方却不知道并且通过其他手段无法验证或无法获得信息或知识。通俗地说就是合同的双方已有的知识不完全相同，而这些知识牵涉到合同签订的内容。由于信息不对称所造成的合同不完备主要体现在两个方面，一是一方已有的关于项目的知识认为对方知道，所以在合同中并没有体现该知识对应的合同条款，而现实是客观存在信息不对称，对方不一定知道，从而造成了合同的不完备，这为以后的纠纷埋下了隐患。二是双方对已有问题认识存在偏差，造成这种偏差的因素涉及出身、教育背景、工作经历等多重因素，且这种偏差很难被消除。虽然双方都意识到项目将来出现的情况，但双方对这种情况的认识和判断是不同的，也就是说这种情况可以出现在合同条款内，但双方对条款的解读存在根本性的分歧，为以后的纠纷和冲突埋下伏笔。

案例 2-13

中部某省要在省会城市的新城建设一个城市湿地公园，项目总投资 20 亿元。某国内知名施工企业中标，取得了该项目的施工权。项目合同对工程变更做出了如下规定：如果项目的单项变更超过 200 万元，超额部分单价执行当地公布的价格标准。在一处景观河驳岸修葺过程中，甲方接到上级通知，被告知新的主管领导对该项目高度重视，认为已有设计方案和投资水平不能体现省会城市应有的地位，重新邀请专家委员会对该项目进行评估。新的设计方案对驳岸造型修改较大，经研究核算，对原有已修建部分的驳岸拆除的材料费和人工费达 450 万元。由于项目工期紧迫，施工单位未等联系单确认后就在甲方的催促下仓促施工，公共项目签证的过程又过于繁杂，从施工单位开始递交材料直到联系单签署完毕，持续了将近六个月。签证期间，当地出台了新的公共项目管理办法，新办法对联系单变更部分的单价调整较大。甲方对该 450 万元的变更金额重新核算后得出的变更金额为 320 万元，施工单位对此提出异议，认为联系单是在新的管理办法公布之前提交的，而且工程项目变更的时间也是在实施新办法之前发生，应执行老办法；甲方则认为合同条款中关于"单价应执行当地标准"的规定应以签证结束的时间为准，且该变更是在新的管理办法公布后才签证结束的，应执行新的标准。新的管理办法对施工单位不利，双方就此问题无法达成一致，双方僵持很长一段时间，最后施工单位做出通盘考虑后，做出妥协，接受了变更结果为最终确定的 320 万元的现实。

双方对合同条款做出有利于自己的不同解读本质上属于信息不对称，案例中承包单位做出让步的主要原因在于希望项目能顺利完工，其舍小利、保大利的策略体现了承包单位管理者顾全大局的超凡智慧。

不确定信息与信息不对称有所不同。前者是指由于合同双方当事人意思的变动、外界环境的变化与意外事件的发生所导致的信息内容的变化与信息内容的增减。不确定信息是由于交易过程中的不确定性所导致。由于合同双方当事人意思的变动、外界环境变化与意外事件的发生在交易过程中都以一定概率存在，所以在起草合同时，合同双方的当事人需要考虑这三种情况发生的概率。如果这三种情况的事件发生对项目不利，双方需要在签订合同时应考虑如何规避这些风险，合同双方常常通过保险对这三种情况导致的风险进行防范。

3. 交易成本

交易成本是指在完成一笔交易费用时，交易双方在买卖前后所产生的各种与此交易相关的成本。交易成本也属于影响合同不完备性的重要因素。工程项目交易为何有交易成本，这是由合同的不完备性决定的，交易需要费用主要原因是为了防范在交易过程出现的各种不确定因素，而这些不确定因素会影响交易双方的收益，为了防止这些不利因素的发生，交易双方会通过增加交易费用的手段避免发生不利事件，从而使自己获得预期收益。如果合同在防范风险方面更加完备，在合同层面就规定了风险发生时应如何处理，这样的条款保证了当双方面临各种不可预测的风险时，有了强有力的书面文本作为应对依据，相应的交易成本会降低。合同双方的交易成本降低了，相应的，双方的相对收益也相应提高了。如果合同不完备性程度高，则合同签订事后交易成本会相应提高。

事后交易成本包括合同正常履行时的交易成本和非正常履行时的交易成本。合同正常履行时的交易成本包括监督成本、协调成本、保证成本和支持成本。监督成本是为了防止交易各方出现机会主义行为而付出的监督成本；协调成本是为保证交易顺利进行对交易行为进行协调所花费的成本，包括协调时间，人际成本等；保证成本是为确保交易方互信而投入的成本，常见的保证成本主要有投标保证金、履约保证金，进度款支付保证金、预付款保证金等；支持成本是交易各方确保合同执行需要诉诸第三方所花费的成本或者各种金融机构出具的担保保函等。合同非正常履行的交易成本包括纠偏成本、谈判成本、第三方成本和再签约成本。纠偏成本是指合同的执行过程中为了纠正发生的错误花费的成本，返工成本，进度纠偏成本都属于此范畴；谈判成本是指合同出现争议之处需要谈判协商所花费的成本；第三方成本指合同交易过程中双方有争议，需要寻求第三方解决时需要花费的成本；再签约成本是指当合同终止后，再找其他交易对象对同一交易重新签订合同所需要花费的成本。合同签订事后成本组成可以描述为图 2-2 所示。

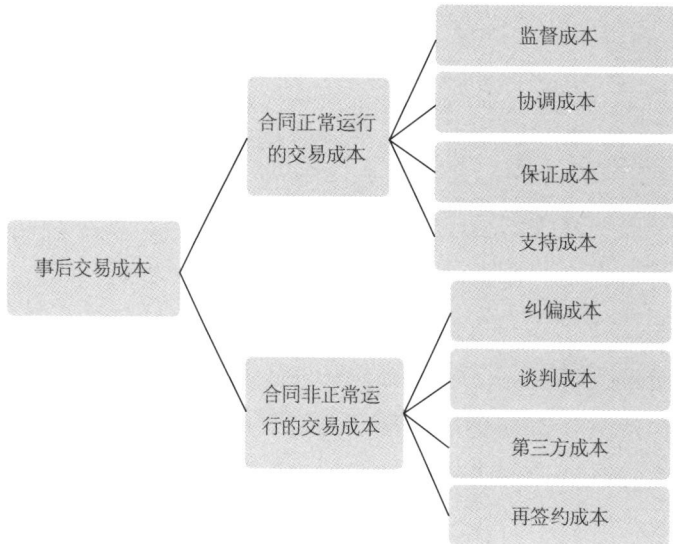

图 2-2　事后交易成本的组成

案例 2-14

　　某发包单位与某承包单位就一项农田水利工程签订了承包合同，合同造价金额 6000 万元人民币，合同工期为 3 年。合同上明确规定，承包单位中标后需要提交履约保证金，为造价金额的 10%，约合 600 万人民币；同时在项目开工后一个月内发包单位需要向承包单位支付合同金额 10% 的预付款，约合 600 万元。合同签订后，承包单位的资金未落实到位，无法按时支付履约保证金600万元。发包单位多次催促承包单位尽快落实履约保证金，否则监理单位拒绝签发开工令。2个月后，承包单位提议可以将履约保证金和预付款合并，理由是两笔资金金额相同，而且往来的时间相近，这样既可以节约双方资金往来的手续成本，还可以缓解施工单位的筹资压力，为承包单位轻装上阵提供条件。经发包单位研究，认为承包单位目前财务资金周转存在一定困难，为了能使项目正常开工，同意承包单位的提议，以补充协议的方式将此事项予以确认。双方约定，600万元的履约保证金和预付款互相抵消，但在形式上依旧认为两笔款项按照规定已经执行。承包单位履约保证金问题顺利解决，虽然开工时间晚了两个月，但最终项目顺利施工。

项目原合同关于履约保证金和预付款的内容充分详实，为签约双方提供了支付款项的依据。但合同条款没有考虑承包单位履约保证金的支付风险及其造成的后果，属于合同的不完备性表现。事实是该风险真的就发生了，对项目的影响逐渐显现：开工时间到后两个月，施工单位一直没有动静。为了不对项目造成实质性的损害，建设单位原则上同意了施工单位的提议，将履约保证金和预付款互相抵消，这样大大降低了双方的交易成本，为施工单位缓解了筹资600万元的压力。该事项以补充协议的形式予以确认实质上是进一步完善了合同内容，使合同内容更加完备。从案例分析可以得出交易成本与合同的完备性有一定的关系，合同的完备性程度越好，交易成本越低。

4. 机会主义

机会主义是指在信息不对称的条件下，人们不如实披露所有信息及从事其他损人利己的行为。一般是用虚假的或空洞的，非真实威胁或承诺谋取个人利益。在建设领域，机会主义行为是较为常见的。承包方为了能够使自己利益最大化，冒着巨大风险的投机行为屡见不鲜。为了防止合同签约方的机会主义行为，完善合同的完备性是常用手段，合同越是完备，双方投机行为空间越小，但是相应的交易成本越大。以承包单位为例，承包方的投机行为主要通过两个途径实现：一是利用合同的不完备性，包括条款的缺失、模糊以及歧义而引起的投机行为；二是合同条款执行刚性，就是合同在履行过程中是否严格，如果承包方出现投机行为，发包方是否根据合同条款对承包方进行严格贯彻执行，是否严格监督决定了承包方投机行为概率的大小。如果两者都不具备，承包方为了从项目建设中获得更大的利益，将会以较大概率采取投机行为。

案例 2-15

某大桥施工合同并未规定 Φ20 以上受力主筋的品牌，在设计蓝图时，设计单位尽量选择市场中的中等主流品牌以上的钢筋，但在设计交底时，向承包方说明了该项事宜，在合同中却没有特别指出品牌的要求。承包方从节约成本的角度考虑，第一批选购的钢筋并没有依照设计的要求选购市场中等主流品牌的钢筋，而是选购了边缘品牌，与预算相比，每吨便宜200元，他们可以从中获利50万元。发包方没有对此事严格监管。半年后，因工作需要，更换了新的业主代表，与原业主代表相比，新的业主代表工作作风严格强势。新业主代表刚到位，承包方对新的业主代表并不了解，在选购第二批钢材时，故技重施，期望从中获利。不料，被新任的业主代表发现承包方的投机行为，不仅要求到场的钢筋全部退场，对已经施工的第一批钢筋没有选购主流品牌问题进行处罚，并通过补充协议的方式规定了几个钢筋的品牌，要求承包方在这几个品牌中选购。承包方的投机行为不仅没有收到额外收益，还被处罚60万元。

新业主代表上任之前，原业主代表对施工方的监管存在两个方面的问题，一是施工合同本身的不完备，主要表现在没有对钢筋品牌进一步明确，给了承包方投机的空间和余地；二是合同对于投机行为监管不严，使承包单位心存侥幸。承包方对于一次投机行为的成功使他们更加有恃无恐，认为一定不会出现问题，结果在新业主代表的强势监管下，承包方损失惨重。新业主代表上任后主要做了两件事，一是进一步完善了合同的完备性；二是加强了日常的监管，这大大降低了承包方机会主义的概率，保证了工程质量。

总体来说，合同越完备，发生投机行为的概率越小。

5. 项目的特殊性

有些项目本身的不确定性就很大，采用完备性较高的合同又不符合实际。例如抢险救灾项目，工程特别复杂、技术结构方案不能预先确定的项目，这些特殊项目很难从开始就能弄清项目的主要脉络，签订的合同空间余地较大，后期需要随时协商和再修改，这样的合同完备性程度较差。相反，如果项目技术图纸详实，施工现场情况掌握清楚，则签订的合同完备性程度则相对较好。可见，项目本身的情况同样影响着合同的完备性。

案例 2-16

某城市遭受里氏 8 级地震后，该市 80% 以上的建筑坍塌，人员伤亡惨重。国家立即启动应急预案，抽调全国、地方、军队多个救援部队前往灾区救援并安置受灾居民。很快灾区重建计划启动。灾后重建指挥部作为建设方牵头灾区的建设，抽调了全国各大知名设计院、监理公司、施工企业参与灾后重建工作，因项目较为紧急，建设任务又具有浓厚的政治色彩，发包方与各方签订的合同均为成本加酬金合同。成本加酬金合同也称为成本补偿合同，工程施工的最终合同价格将按照工程的实际成本再加上一定的酬金的方法计算。项目设计方案、造价、技术方案等问题均一无所知就签订合同，成本加酬金合同正适合该项目。成本加酬金合同作为开口合同，合同内容大多偏向宏观条款，缺乏特定项目所具有的典型特征。成本加酬金合同具有高度的不完备性特征，使得发包方面临很大建设风险，项目管理难度较大；而对承包方而言，因没有规定造价的上限，而项目的总造价和承包方的收益直接相关，承包方一般不愿控制成本，这种合同容易被一些不道德或不称职的承包方利用合同的高度不完备性获取不法收益。

合同签订后，项目快速投入建设。随着项目的推进，发包方通过开会协商的方式不断与承包方谈判，并不断完善合同体系，总体的指导思想是风险多方分担，最大限度地提高合同的完备性，预防承包方的投机行为。

　　项目的特殊性决定了项目合同特征。每个项目的情况不同决定了相应合同的完备性程度也有所差异，工程项目与其合同的完备性之间的对应关系使得每个项目的完备性程度具有唯一性，这也是由工程项目自身的特点决定的。

五、冲突与合同的不完备性

　　合同的不完备性是冲突的重要来源。之所以双方会发生冲突，主要原因在于未在合同中找到冲突对应的解决条款。冲突事项可以认为是合同不完备性重要体现。理论上，合同完备性程度越低，发生冲突的可能性越高。项目在建设过程中，不确定性因素很多，大量的不确定因素会使双方的期望出现偏差，这些偏差又会导致双方的行为无法沿着预期的方向进行，为了保证自己的预期收益，一方要求另一方调整自己的行为，另一方发现如果按照对方的要求去做，发现自己没有收益，甚至是负收益，自然会拒绝对方的要求。简言之，就是当外界因素发生变化时，双方预期的行为出现了矛盾的局面，双方在原来行为预期的基础上的利益无法统一，甚至是矛盾的，这就造成了冲突。合同完备性程度越高，应对各种不确定性因素越强，冲突也不易发生，可以说冲突与合同的完备性是直接相关的。

1. 合同的不完备性和冲突之间的辩证关系

　　这里所指的冲突是指事后冲突，也就是履行合同时出现的冲突。造成双方出现冲突最主要的原因是没有在合同中找到冲突相应条款以及解决办法。合同不完备性是因，冲突是果，由于合同的不完备性导致了冲突的发生。反过来，正是因为冲突的发生才使双方认识到合同完备性程度不足，冲突正是检验合同完备性程度的标尺。如果一个项目很少出现激烈对抗性冲突或者已发生的冲突很快高效解决，一定程度上能说明高效的合同发挥了重要作用，合同内容覆盖到了该项目所有已发生冲突的情形。合同完备性和冲突之间这种特殊的辩证关系反映了两者之间的紧密联系。两者之间的辩证关系如图 2-3。

图 2-3a 合同完备性与冲突之间的因果关系

图 2-3b 冲突检验合同的完备性及冲突预防

2. 冲突与合同更新

冲突是合同完备性程度的重要体现，双方发生冲突至少说明合同在某些方面存在不足。为了弥补合同条款的不足，完善合同内容是惯用的做法，也就是通常意义上的合同补偿。合同补偿的原始动力是为了在以后的合同履行过程中预防同类冲突的出现。如果合同履行中多次爆发冲突，则每一次冲突的爆发都是合同自我完善的绝好机会，冲突爆发与合同更新周而复始，使合同的完备性程度不断提高。相应地，后续冲突会逐渐减少。冲突与合同更新之间的关系如图 2-4。

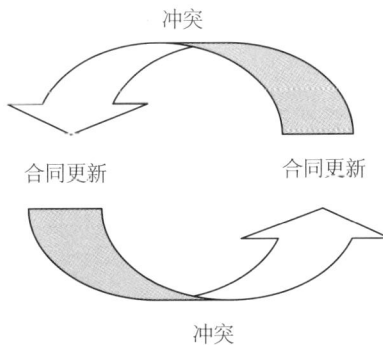

图 2-4 冲突与合同更新

第五节　关系与冲突

除了合同与冲突有较大因果关系之外，人与人之间的融洽程度也是一个影响冲突的重要因素，突出表现为如果项目成员与其他成员相处融洽，则较少发生冲突；相反，如果该成员经常与人发生不愉快，则与人发生冲突概率也会较高。人与人之间的融洽程度就是常说的人际关系，俗称"关系"。人际关系是人与人之间在社会活动过程中直接的心理上关系的融洽程度或心理上的距离，反映了人群或个体寻求其满足社会需要的心理状态，关系的变化和发展取决于双方社会满足的需要。人在社会中的存在不是孤立的，正是通过和别人发生作用才能发展自己，实现自身价值。人际关系的重要性主要表现在：①人的基本社会需求；②增进自我了解的良好途径；③达到自我实践与肯定；④可以检验自我的社会心理是否健康。良好的人际关系建立在平等、相容、互利、信用的基础之上。缺乏平等、互信、互利、互容的基础，良好的人际关系无从谈起。

在建设工程领域，良好的人际关系同样重要。已有研究表明，关系的作用在项目管理中占有重要地位，冲突的发生与合同、关系有着必然联系已取得广泛共识。与合同因素相比，冲突的关系因素更不容忽视，有时甚至超过了合同因素的作用。我们常常会看到这样的画面：发包方和承包方发生冲突后，良好的合作关系似乎比合同在解决冲突问题上更加有效，虽然合同的条款保证了项目在发生冲突后有了解决冲突的依据，但合同一样需要人执行，没有完美的执行，合同的效用就是一句空话，换句话说，合同在解决冲突时，同样渗透着关系的因素。从某种程度上看，项目管理无论是依靠合同管理还是关系管理，都需要建立在良好的人际关系的基础上进行。项目组织间临时性关系的建立是有明确目的的，通过建立复杂的关系网络获得资源使项目建设得以顺利开展。而如何获得资源，仅仅依靠合同手段是不够的，良好的关系是促成项目中各种资源有序流动的重要基础，重视项目管理中关系的重要作用，等于是搭建了高效的资源顺利运输的通道，为项目顺利建设铺平了道路。

一、良好关系的特征

良好的关系具有以下特征：

（1）长期导向。期望未来关系能够延续的一种共同认知，即双方能够看到将来能够长期合作，并能取得不错的合作结果。

（2）角色完整。合作的双方能够在互动中正确扮演自己的角色，履行自己的责任和义务，并且能取得对方的认同。

（3）信息交换。双方在合作中，能随时随地交换自己的信息，信息的彻底性和完整性无不说明了双方之间关系的亲密性。充分的信息交流能增强彼此的信任感，对防止信息不对称及互相猜忌有着重要作用。例会、施工现场交流、正式或非正式的信息披露，这些途径都是信息交流的重要手段，项目管理者应予以重视。冲突解决的意愿和主动性。灵活的、非正式的、个人机制在影响双方在解决冲突时的态度方面具有显著作用，同时也是促成冲突解决的重要因素。

（4）团结程度。双方为了共同完成目标而合作，两者之间既有维护各自利益的冲突，同时又要团结合作，双方是同一战壕内战友，仅仅强调竞争和冲突显然是不合适的，双方的团结和互助才是主基调，互相拆台与不合作对于双方而言，在需要共同完成任务的前提下，显得没有必要。团结程度同样是衡量彼此关系是否良好的标志。

（5）灵活性。当外部环境发生变化时，双方愿意在现有的框架内调整行动和对策。我们经常看到如果双方关系降低到冰点，当外部环境出现变化，双方往往习惯于依照合同解决问题，并朝着有利于自身的方向分析问题，很少顾及对方的利益而采取灵活的对策。

（6）关系规划。合同在未来的履行中，还会发生意想不到的事件，那么能否在当前就划清双方责任和义务的关系，明确自己的角色定位成为将来意外事件能否成功解决的关键。实际上，这属于关系长期导向的一部分。

（7）互相监督。双方愿意接受彼此的监督，并能接受对方提出的合理建议和意见。

（8）互助与信任。合同的双方能在对方出现困难或危机时，及时施以援手，并且对对方履行承诺的意愿和能力高度信任。

二、关系的核心要素

如果将合同管理比作项目管理中的硬环境的话，那么关系管理将是项目管理的软环境。硬环境可以作为项目建设运行基本框架，是项目赖以生产运行的制度保证；软环境则更强调一些非正式的因素，这些因素同样不可忽视。那么关系管理在项目管理中主要有哪些核心的要素呢？要找出这些核心要素必须遵循几个基本原则：一是核心要素要能体现关系中的本质内涵，是对关系本质内涵的完美诠释；二是不同的核心要素不仅能从关系概念的不同侧面进行阐述，并且要能基本覆盖到关系定义中的主要方面。有了这两个基本原则后，就能对关系这个定义提炼出几个核心的要素。

（1）信任。良好的关系需要建立在信任的基础上，人无信，则难立。很难想象项目成员之间是在没有任何的信任基础上进行合作，一个没有良好信誉的人同样很难赢得合作伙伴的信任。有了信任，双方才能持续不断地互动，才能建立良好的紧密关系，这样的关系能使人在合作互动中，身心愉快，个人价值才能在良好关系基础上得到实现。总之，信任作为良好关系的基本要素，重要性程度不言而喻。

（2）承诺。承诺和信任是互相对应的关系。信任是相对对方而言的，相信对方过去、当前和将来的预期行为及其价值。相反，承诺是自己做出的，要对方相信你做出的承诺，需要建立在彼此信任的基础上。由此看来，承诺与信任两者之间的关系可以描述为：信任是有效承诺的基础，而有效承诺又是信任的具体表现。

（3）沟通。沟通主要包括沟通意愿和沟通效率，沟通是否顺畅也属于关系是否良好的指标，如果双方关系良好，则外部表现为沟通顺畅，内心愉快；否则多会出现责备性言语及消极的沟通意愿。沟通意愿体现了双方对彼此的印象和喜好程度，而沟通效率除了与关系远近有关以外，与沟通的技巧有一定关系。与信任和承诺不同的是，双方的沟通和两者的关系几乎成正相关，也就是说，如果双方关系良好，沟通一般也较为有效。但是，如果双方关系降低到冰点，双方就很难沟通，甚至是零沟通。反映在表面上，一是沟通的效率不高，二是沟通意愿不强。另外，沟通和关系之间的互相作用关系也较为明显，表现为两者之间的互相促进关系，如图2-5。沟通和关系之间的正面促进关系能使两者进入良性循环；相反，沟通与关系一旦形成负面的促进关系，很快会进入恶性循环。如何使两者尽可能地发挥正面的促进关系而避免负面的促进关系，该问题涉及更加复杂的因素，如沟通技巧、外表印象和个性吸引等。

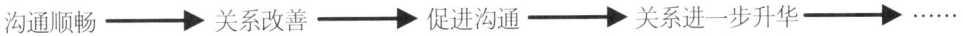

沟通顺畅 ⟶ 关系改善 ⟶ 促进沟通 ⟶ 关系进一步升华 ⟶ ……

图 2-5（a）　沟通和关系的正面促进关系

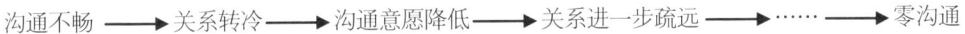

沟通不畅 ⟶ 关系转冷 ⟶ 沟通意愿降低 ⟶ 关系进一步疏远 ⟶ …… ⟶ 零沟通

图 2-5（b）　沟通和关系的负面促进关系

（4）合作。合作作为关系的另一个表征变量，在双方关系中扮演着重要角色。众所周知，关系良好才能合作；如果关系不好，合作不能持续甚至无法开始。学术界通常将合作从两个方面进行定义，一是"行为性"定义。该定义将合作视为一种有意识的或刻意的协作行为，不包括偶然行为。如果双方关系较为疏远，这种有意识或刻意的行为较难形成；二是行为的"经济性"定义。该定义强调的是合作应建立在共同的利益期望的基础上，失去了共同的利益基础，合作就不会发生。双方在寻找共同利益基础时，也需要良好关系作为纽带，因为良好关系能让人看到实现共同利益的可能性；如果没有良好关系作为基础，双方能寻找到共同利益的概率微乎其微。无论实际合作中是更侧重于"行为性"还是"经济性"，合作发生在具有不同追求目标的组织中是不争的事实，因为他们可以产生互惠性的依赖性关系。

建设项目各参与方目标的差异性是不可否认的，但各方最终利益能否实现取决于共同的项目目标，它将各方统一起来为顺利合作奠定了基础。基于此达成合作意愿，并通过寻求共同利益的联合行动及相互协作实现真正的合作。实质上，协作本身就强调各方为实现各自目标联合起来共同行动，联合行动代表了双方在提高绩效的活动上开展的深层次合作。从以上分析可以将合作划分为共同目标、合作意愿、相互协作和联合行动等要素。这些关键要素与关系都有直接的联系，如果关系不好，这些核心要素也不复存在，合作也不可能实现。

信任、承诺、沟通、合作四个与关系远近直接相关的要素其实与冲突之间的联系甚大。冲突本质上属于双方之间的对立关系，其根本特征与关系的四个核心要素是背道而驰的。如果双方的关系不够紧密，甚至朝着恶化的方向发展，信任、承诺、沟通和合作根本无从谈起。虽然这四个核心要素不是导致冲突的充分条件，但一定是必要条件。换句话说，关系远近与冲突之间存在必然的联系，关系融洽，冲突问题可以通过双方协商解决；关系不好，冲突会发酵、能量会累积、爆发，会持续恶化。

三、关系与冲突

现有的项目管理环境下，关系与冲突之间的因果联系通过两个方面实现。一是合同执行方面；二是合同不完备方面。下面分析一下这两个方面是如何导致双方冲突的。

（1）合同执行

理论上提高合同的完备性可以最大可能性地覆盖到所有可能出现的冲突，并为这些冲突提供双方认同的解决方案。但是，合同的履行需要依靠人来执行，在执行过程中，对合同条款的解读及实际事例的应用方面，每个人都有可能存在明显的差异，因此合同执行存在个性化特征是客观存在的事实。既然每个人对合同执行可能会存在不同的效果，那么被执行方与执行方之间的关系势必影响着合同执行的效果。双方关系是否良好是合同执行效果的一个重要变量。存在变量，合同执行的效果就大为不同，合同的执行方以项目利益和自身利益为出发点，另一方同样以自身利益为根本。关系变量的存在使双方在合同履行互动中的结果存在较多的可能性。在这样的情境下，双方的利益很难取得统一，冲突难免要发生了。

案例 2-17

某承包单位需要采购一批钢材用于项目建设，在施工合同中明确规定采购的时间是 2014 年 6 月，恰逢 6 月上旬一直下雨，发包方没有明确钢材采购时间能否延后一个月。与采购商谈判，被告知 7 月上旬钢材的价格会有较大幅度的下跌，让施工单位再等几天。由于此前发包方和承包单位有过多次合作，承包方已经赢得了发包方的信任，合作关系良好。鉴于承包单位过往良好的表现，发包方在例会上公开表示，天气原因，原则上同意承包单位钢材进场的时间延后半个月，就这样，施工单位利用这次钢材下跌的机会大把买进钢材，赢得了合法利润。

从该案例中可以看出，如果发包方采取强硬态度，要严格执行合同，那么承包单位在 7 月上旬采购钢材，属于违约。因此，发包方以天气原因为由同意承包单位钢材进场时间延后一个月纯属发包方弹性范围内决策，这对承包单位影响较大。可见，发包方对合同执行的不同尺度会严重影响着承包单位的预期收益，而在这个过程中，双方之间的关系发挥了不可代替的作用。

（2）合同的不完备性

常见的冲突经常发生在合同的不完备性上，合同的不完备性说明合同在预测项目出现各种变化时，在与冲突相关的内容上是不完整的。而合同的不完备性又是客观的，一份建筑工程合同不可能完全预测到各种可能发生的情况。既然有部分的情况无法参照合同来解决，那么，这部分无法预测事件的发生必须依靠合同双方自主、自发地去解决，双方要经过讨论和协商才能取得大家都认同的解决方案。双方势必在坚持自己利益的基础之上，讨价还价，很容易出现冲突和僵持。如果双方关系良好，冲突会在双方的妥协和让步中一步步化解，合作才能进行下去。

案例 2-18

某商业中心在进行地下基坑开挖的过程中，偶然间在地下室二层的位置发现了一个魏晋时期的古墓葬群，为了进行文物的抢救性发掘，施工现场在发掘阶段暂停施工。事后，承包单位向发包单位提出对偶然发现的墓葬群的发掘保护工作停工期间的所有费用及延误工期向发包单位索赔。经双方对合同条款进行进一步的详细解读，发现并不存在出现古墓时，费用和工期如何处理的条款，取而代之的是以风险为关键词汇的处理办法，而且对风险的定义还较为笼统，明确约定承包方应承担建设过程中出现的各种风险状况及由此造成的损失。由于未对合同约定的各种风险状况做出详细的说明，合同关于风险方面的完备性程度较差，使发包方在处理出现墓葬群问题时存在相对自由裁量权。此前，发包方与承包单位因为开工时间、地质勘探报告错误、现场施工管理及文明施工等问题上已经发生多次不愉快，发包方甚至扬言要求承包方清算退场，双方关系几乎降低到冰点。如此背景下，发包方理所当然会将此问题朝着不利于承包方的方向解释，坚持认为古墓属于风险因素之一，承包方应承担由此带来的损失。承包方后悔未在合同订立阶段将风险问题进一步细分，现实的残酷使承包方蒙受了损失，作为当事方，承包单位只好接受这个结果。

如果合同双方关系不良，则信任、承诺、沟通、合作等关键要素势必都处于较低水平，冲突在双方对立中一触即发。由合同不完备性引起的冲突在项目管理中较为常见，在所有冲突中这类冲突约占大半以上，可见其重要地位，冲突的发生对合同双方和项目本身都不利，应引起各方项目管理者的高度重视。

第六节 合同与关系对比

合同和关系作为项目管理最重要的两个手段，在实际工作中几乎发挥着同等的作用。一般而言，项目管理发生的冲突均可以通过合同和关系这两个途径解决。由合同引发的冲突一般起源于合同的不完备性，而合同的不完备性又是普遍的，所以到处能见到由合同的不完备性引发的冲突。关系在项目管理中发挥着重要调节作用，其重要性甚至决定着项目管理的成败，处理好项目成员之间的关系至关重要。有研究表明，关系在影响项目的成败问题上，其重要性并不亚于合同对项目的影响，有时甚至要超过合同的作用。在涉及合同与关系哪个因素更为重要时，有两种主要的观点：

一是认为合同与关系之间的属于互相替代关系，即两者是竞争的关系，你强我弱，你弱我强是两者关系的生动写照。合同与关系所发挥的作用主要模式有四种，即强合同弱关系、弱合同强关系、强合同强关系、弱合同弱关系，每种强弱对比模式都是相对的。强合同弱关系是指在合同管理占主要地位，发挥主导作用，关系管理不被重视或完全忽视，常常称为刚性管理；属于典型的合同强势冲突管理模式。弱合同强关系是指合同管理占次要地位，在实际工作中，合同管理几乎成了摆设，关系管理占主要作用，属于典型的人治，关系强势冲突管理模式。强合同强关系体现的是合同与关系都强势介入冲突管理，这在现实的项目工作中并不常见，属于非典型情况。同理弱合同弱关系强调的是合同和关系均不重点参与冲突管理，认为这两者均不是解决冲突的主要手段，合同内容一般属于非关键内容，不是双方重点关注的对象，属于非典型情况。那么，究竟采取哪一种冲突管理模式，这与项目管理者管理风格、项目概况、外部环境等多种因素有关。

二是认为合同与关系之间的关系属于互补关系，两者不再是竞争关系，而是协作关系。与替代关系不同的是，将合同与关系两者之间的管理关系分为：强合同弱关系、弱合同强关系、合同与关系均势。强合同弱关系强调的是合同在解决冲突时，发挥主导作用，关系起到辅助和补充的作用；弱合同强关系强调的是合同管理占主导地位，而关系管理处于辅助地位；合同与关系均势说明同时发挥两者的作用，并且两者对冲突管理的贡献没有明显偏向，较为均衡。合同与关系之间互补关系体现的是冲突管理手段全面化的思想。实践表明，单纯依靠合同或关系都不是管理冲突的最佳途径，合同在解决条款内冲突时有优势；关系在协调条款外冲突更有效，两者互为补充并综合运用在处理项目冲突时更为高效，是项目管理者在面对冲突时的不二选择。

工程项目中的各种冲突非常复杂，本章节从工程项目团队的组成及特点、项目团队的合同关系、工程项目冲突来源、合同与冲突、关系与冲突等多个角度论述了工程项目冲突多个方面的内容，内容较为全面地概括了冲突的存在形式，诱发机制等，重点围绕着合同、关系与冲突之间的内在联系及在项目冲突中占有的重要地位展开论述。之所以要介绍合同、关系要素与冲突之间的关系方面的内容，主要在于在以后的章节中将会涉及工程项目冲突管理方面的内容，而合同和关系将是重要的切入点。

本书将在第三、四、五章以发包方与承包方、发包方与监理方、监理方与承包方三个方面的内容为重点，详细叙述三者互相互动工作过程中产生的种种冲突。发包方、监理方、承包方之间的工作关系是最主要也是最基本的关系，分析他们之间存在的冲突问题无论是理论层面还是实务层面，都有重要现实意义。

第三章

发包方与承包方之间的冲突

发包方与承包方之间的工作关系始终是项目管理的核心。统计调查表明，大部分项目管理冲突来源于发包单位和承包单位。两者在项目建设的持续互动中，因意见不合而产生冲突较为常见，管理好发包单位与承包单位之间的冲突一定程度上意味着项目冲突已管理好大半。人们应予以重视发包方与承包方之间关系的主体地位。在分析两者冲突之前，应弄清双方关系是如何建立的、双方关系的性质以及他们是如何开展项目管理工作的，我们大致可以沿着这个脉络对双方可能存在的冲突根据不同阶段分别进行叙述。

第一节 双方关系的确立

发包单位与承包单位之间的关系犹如鱼与水的关系一样，两者关系密不可分，建设项目如果少了发包方与承包方之间的持续互动，该项目要么本身就属于图纸项目，尚未付诸实施；要么该项目处于停工状态。要说明双方关系，有必要阐释一下发包单位和承包单位本身所具有的任务特点，双方在项目建设中各自扮演的不同角色和功能定位决定了他们只有高效配合工作，完成自己的职责使命，才有可能共同完成项目建设。

一、发包方 VS 承包方

发包单位作为项目的倡议人，它集中了项目主要的想法和用于项目建设的资金，是项目的总集成者和推动者；承包单位主要承担了工程项目的建设，具有非常强的专业特征。工程项目种类繁多，一家承包单位所能完成的工程项目，其专业方向通常仅仅局限于一个较为狭窄的范围。承包单位这样的特点决定了它一般只在特定的专业方向承接施工任务。发包单位和承包单位所具有的一般特征如表 3-1 所示。

发包单位和承包单位资源分布情况 表 3-1

	技术	资金	人力	管理
发包单位	无	有	无	有
承包单位	有	无	有	有

发包单位和承包单位资源分布的不均衡决定了两者只有联合起来，项目才有完成的可能。发包单位一般只有资金、项目计划和管理，承包单位

的资源多集中在技术和人力方面，它需要一个技术和人力能够充分发挥作用的舞台，发包单位恰恰能够满足承包单位的需要。两类单位的互补性是一个工程项目能否顺利完成所应具备的必要条件。

发包单位通常以签订施工合同的方式与承包单位建立起合作关系。契约关系标志着他们的工作关系正式进入法律保障范围。签订施工合同只是两者建立合作关系的标志性事件，在这个最终结果之前，两者需要经过多个博弈步骤才能最终走到这一步。那么，发包单位与承包单位需要经过怎样的博弈过程才能走到一起呢？这需要从发包单位如何从选择承包单位谈起。

发包单位是项目的发起者，集中了资金和行政审批方面的资源，在与承包单位的博弈中处于主动地位。承包单位作为市场竞争主体，面对发包单位提供的稀缺资源，众多承包商对此虎视眈眈。承包单位须通过竞争才能与发包单位建立合法的合同关系，在与发包单位的博弈中始终处于被动状态。发包单位和承包单位所具有的选择和被选择的特点在项目管理中一般通过招投标的形式实现。在确定施工单位的过程中，并不是所有项目都通过招投标的方式确定承包单位。我们将发包单位选定承包单位的过程分为两类：一类是不需要招标的项目；另一类是项目需要通过招投标的方式选定承包单位。项目是否需要招标成了确定施工单位不同过程的关键。那么，哪些项目需要招标？哪些项目不需要招标？划分的标准是什么？下面就这些问题分别进行说明。

二、公开招标、邀请招标和竞争性谈判

对非国有资金投资建设的项目，国家规定项目可以招标，也可以不招标，发包单位有绝对的自主权。对于国有资金投资建设的项目，任何单位和个人不得将依法必须要招标的项目化整为零或者以其他任何方式规避招标。对涉及国家安全、国家秘密、抢险救灾或者属于利用扶贫资金实行以工代赈、需要使用农民工等特殊情况不适宜进行招标的项目，按照国家有关规定可以不进行招标除外。有下列情形之一的，可以不进行招标：

（1）需要采用不可替代的专利或者专有技术；

（2）采购人依法能够自行建设、生产或者提供；

（3）已通过招标方式选定的特许经营项目投资人依法能够自行建设、生产或者提供；

（4）需要向原中标人采购工程、货物或者服务，否则将影响施工或者功能配套要求；

（5）国家规定的其他特殊情形。

招投标活动应当遵循公开、公平、公正和诚实守信的原则进行，下列情况的工程项目必须招标：

（1）大型基础设施、公用事业等关系社会公共利益、公众安全的项目；

（2）全部或者部分使用国有资金投资或者国家融资的项目；

（3）使用国际组织或者外国政府贷款、援助资金的项目。

对于非国有资金投资的项目，国家没有强制要求这类项目必须通过招投标的方式确定承包单位。发包单位有权依据自己的偏好选择承包单位，并要为自己做出的选择负责。最为常见的情况是发包单位指定某个承包单位作为项目的施工方，一般情况下，该承包单位与发包单位有过长期的合作，并且取得了发包单位的信任才会将项目交给该承包企业。相对而言，双方如果有过长期合作，无论在项目协调，还是项目建设质量、成本控制等多个方面的可靠性均会相对较高。发包单位和承包单位之间关系的确立方式可以描述为：发包单位 $\xrightarrow{\text{指定}}$ 承包单位。发包单位提供项目的整体实施方案和资金，承包单位按照发包单位的要求获取资金建设项目，并赢得利润。双方合作关系的建立过程较为单一，可以理解为发包单位提出邀请，承包单位接受邀请。双方主要以签订施工合同作为最终的标志，并完成法律意义上的合作，合作关系受法律保护。

对于国有资金投资的项目，除了上述不需要招标的情形，其他需要通过招投标的方式确定承包单位的项目应通过正常的招投标方式选择承包单位。根据《招标投标法》规定，招标主要分公开招标和邀请招标两种方式。

1. 公开招标

公开招标也称为无限竞争性招标，招标人在公共媒体上发布招标公告，提出招标项目和要求，符合条件的一切法人或者组织都可以组织参加投标竞争，都有同等竞争的机会。按规定应该招标的建设工程项目，应采用公开招标方式进行。公开招标的优点是招标人有较大的选择范围，可在众多的投标人中选择报价合理、工期较短、技术可靠、资信良好的中标人。但是公开招标的资格审查和评标工作量比较大，耗时长、费用高，且有可能因资格预审把关不严导致鱼目混珠的现象发生。如果采用公开招标的方式，招标人不得以不合理的条件限制或排斥潜在的投标人。

公开竞标方式主要面向全社会，凡是认为该项目在满足标书前提下有利可图，均可以报名参与投标。招标人制定的规则面向所有投标人，并依照公平公正的程序进行，各个投标人需要在标书中陈述其自身技术和资金方面的优势，通过现场开标和评标的方式直接面对面比较竞争，综合优势明显的投标人将会脱颖而出。这种通过公开招标的方式选定承包单位的方式有利于发包单位从市场中挑选综合能力优越的承包单位，显然这种方式对发包单位更加有利；同时，对承包单位而言，公开招标的方式避免了各种歧视性条款，使得承包单位获得建设项目的途径更广了，企业经营的路子也更宽了。通过公开透明激烈的竞争，也会给承包企业形成一定的压力，那就是只有那些综合实力更加突出的企业才能拿到项目，那些实力较弱的企业只能被市场淘汰出局。这样的导向作用会迫使承包企业努力提高自身的综合实力，使自己在激烈的市场竞争中立于不败之地。公开招标的方式充分发挥了市场的作用，通过市场的方式选择最优承包企业。鉴于公开招标方式存在的诸多优点，目前，在没有特殊要求下，全国各地对国有资金项目都必须采用公开招标的方式选定承包单位。

2. 邀请招标

需要招标的项目除了公开招标的方式以外，还有一种特殊的招标形式——邀请招标。邀请招标也被称为有限竞争性招标，招标人事先经过考察和筛选，将投标邀请书发给某些特定的法人或者组织，邀请其参加投标。为了保护公共利益，避免邀请招标方式被滥用，各个国家和世界银行等金融组织都有相关规定：按规定应该公开招标的项目，一般采用公开招标，如果要采用邀请招标，需经过批准。对于有些特殊项目，采用邀请招标的方式对发包单位而言，更加合理。依据《招标投标法实施条例》（国务院第 613 号令）第八条，国有资金占控股或者占主导地位的依法必须进行招标的项目，应当公开招标；但有下列情形之一的，可以邀请招标：

（1）技术复杂、有特殊要求或者受自然环境限制，只有少量潜在投标人可供选择；

（2）采用公开招标方式的费用占项目合同金额比例过大。

招标人采用邀请招标的方式，应当向三个以上具备承担招标项目的能力、信誉良好的特定法人或者其他组织发出投标邀请书。满足（1）、（2）两点之一的项目因有其特殊性，通过公开招标的形式并不合适。前者通过公开招标的形式招标，前来投标的企业很可能难以满足项目的需要；后者用于招标的费用太高，用于项目建设资金过少，发包单位也会摒弃公开招标的形式。对于这两种情况，邀请招标的形式能很好地克服以上缺点。邀请招标一般不需要在公共媒体上发布招标公告，直接将招标邀请发送至有限的几个投标人，投标范围缩小至指定的几个法人，邀请招标的方式对发包单位而言更有针对性、更有效；对承包单位而言，这种方式节约了较多的项目签约成本，是承包单位中较为受欢迎的方式。但邀请招标与公开招标相比有一个较为明显弱点，就是受邀请的承包单位仅仅因为以上两个限制条件而轻易地获得了中标机会，被邀单位缺乏必要的竞争，迫使承包单位提升自身综合实力的动力不足。也就是说邀请招标的市场竞争不够，并不能提升建设行业的整体水平。这种方式不是发包单位寻求承包单位的主流，只是（1）、（2）两种情况下的特殊招标形式，对项目有一定的限制。对比公开招标和邀请招标两种招标形式，可以发现两种方式存在多个方面的差异，见表 3-2。

发包单位角度公开招标和邀请招标的差异　　　表 3-2a

	范围	成本	质量	风险
公开招标	宽广	高	较高	较高
邀请招标	狭窄	低	不确定	较低

承包单位角度公开招标和邀请招标的差异　　　表 3-2b

	难度	成本	机会	竞争
公开招标	高	高	较多	强
邀请招标	较低	低	较少	弱

对发包单位而言，公开招标和邀请招标相比，承包单位的选择范围更宽，挑选余地更大，但同时成本也越高，相应地，经过激烈竞争脱颖而出的承包单位质量也越高。需要强调的是通过邀请招标请来的承包单位在项目的某些限制条件上能够很好地满足，但仅仅就项目整体施工质量而言，未必是最优选择，因此项目整体的施工质量较难确定。此外，通过公开招标的形式选出的承包单位虽然企业质量较高，但很有可能与发包单位首次合作，而项目的建设质量与发包、承包单位之间合作的默契程度直接相关，从该角度分析，公开招标的形式对发包单位而言存在较大的风险，而邀请招标的形式因为邀请的通常是熟悉的或是合作过的承包单位，项目失败的风险相对较小。

相应地，承包单位通过公开招标的形式获得项目难度要远高于邀请招标的形式，成本要高很多。但是公开招标获得项目机会多，邀请招标需要满足特定的条件，这样的项目本身就不太多，因而被邀的概率会较小。另外，对承包单位而言，公开招标的方式竞争程度通常要大于邀请招标形式。发包单位、承包单位对公开招标和邀请招标两种不同方式存在的适应性差异使得发包单位在决定采用何种方式进行招标存在不同的选择。通过公开招标方式和邀请招标方式，承包单位与发包单位确立关系的方式存在显著的不同，见图 3-1。

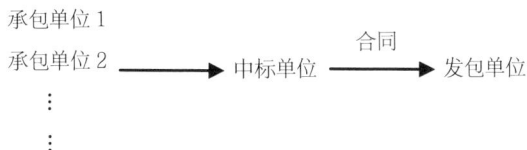

图 3-1a 公开招标方式中发包单位与承包单位合同关系确立过程

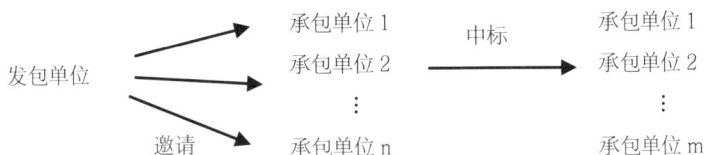

图 3-1b 邀请招标方式中发包单位与承包单位合同关系确立过程

3.竞争性谈判

除了公开招标和邀请招标外，发包单位确定承包单位的形式还有竞争性谈判，这种方式要求发包单位至少邀请两家承包单位，直接协商谈判，挑选对业主更加有利的单位。竞争性谈判确定承包单位需要满足以下几个条件之一：

（1）采用招标方式后没有承包单位投标或者没有合格标，甚至重新招标无法确立的；

（2）技术复杂或者性质特殊，不能确定详细规格或者具体要求的；

（3）采用招标所需时间不能满足用户紧急需要的；

（4）不能事先计算出价格总额的。

竞争性谈判的优点是能在短时间内确定承包单位，对不能确定总造价的项目也适用这种方式，缺点是挑选的承包单位缺乏竞争力，对项目建设较为不利。

以上三种确定承包单位的方式较为全面地涵盖了发包单位寻求承包单位的全部做法。公开招标、邀请招标和竞争性谈判每种方式各有不同，并且适用于不同的项目情形。承包单位的这三种与发包单位确定合同关系的途径说明了工程项目本身巨大的差异性，这种差异性要求人们不得不在招标之前分析项目的属性及其基本特点，而后再确定招标方式。

第二节 双方关系的法学解释

承包单位不论通过何种途径脱颖而出成为发包单位签约的目标，最后都要与发包单位签订承揽合同。所谓承揽合同是指承揽人按照定作人的要求完成工作，交付工作成果，定作人给付报酬的合同。承揽合同的基本特征是承包单位承担由发包单位给付的施工任务，施工任务的质量由承包单位负责。在承揽合同中，完成工作并交付工作成果的一方为承揽人，接受工作成果并支付工作报酬的一方称为定作人。承揽人可以是一人，也可以是数人，比如，某项施工任务由多人承揽，那么此时这些承包单位共同组成了共同承揽人，同时对定作人负责。

一、承揽合同的法律特征

承揽合同属于诺成、有偿、双务、非要式合同。有以下基本特征：

（1）承揽合同以完成一定工作并交付工作成果为标的。在承揽合同中，承揽人必须按照定作人的要求完成一定的工作，但定作人的目的不是工作过程，而是工作成果。按照承揽合同所要完成任务的性质，可以将工作成果分为体力劳动工作和脑力工作成果；既可以是物，也可以是其他财产。发包单位与承包单位签订的承揽合同的标的物是工程项目，属于"物"的范畴。

（2）承揽合同的标的物具有特定性。承揽合同是为了满足定作人的特殊要求而订立的，因而定作人对工作质量、数量、规格、形状等的要求使承揽标的物特定化，使它同市场上的物品有所区别，以满足定作人的特殊需要。

在合同中，发包单位和承包单位需要在合同造价、工期、质量要求、安全等多个重要指标达成共识，其中的大部分属于发包单位针对项目提出的要求，包含了发包单位作为项目主要发起者对项目全面的把控。因此工程项目产品与市场上的普通商品有本质的不同，它是有根据地生产出来，用于满足特定的人（建设单位）的需要，相比于普通商品，工程项目的建设要求更多，单件性和独特性特点更加明显。

（3）承揽人工作具有独立性。承揽人以自己的设备、技术、劳力等完成工作任务，不受定作人的指挥管理，独立承担完成合同约定的质量、数量、期限等责任，在交付工作成果之前，对标的物意外灭失或工作条件意外恶化风险所造成的损失承担责任。故承揽人对完成工作有独立性，这种独立性受到限制时，其承受意外风险的责任亦可相应减免。

承包单位在施工期间保持很强的独立性，其所采用技术、资金、设备都由自己独立解决，发包单位不予也无权干涉。对项目建设中可能遇到的各种风险所造成的后果都由自身承担。当然，在合同中可以约定哪些工作不属于承揽范畴，则承包单位不用承担这部分工作的风险。从法律层面上看，承包单位的独立性还表现在履行民事行为能力的独立性，不受其他主体支配和干扰。

（4）承揽合同具有一定人身性质。承揽人一般必须以自己的设备、技术、劳力等完成工作并对工作成果的完成承担风险。

承揽人不得擅自将承揽的工作交给第三人完成，且对完成工作过程中遭受的意外风险负责。但是如果经过定作人的同意，承揽人可以将承揽的主要工作交由第三人，但工程成果承揽人还是要负责的。施工项目不得交由第三人完成，由于客观情况，必须交由第三人完成的，须得到发包单位的认可，并且第三人完成的项目成果，承揽方要负责。

（5）承揽合同是诺成合同、有偿合同、双务合同。

（6）承揽合同强调履行的协作性。发包单位与承包单位的协作性是指双方按照合同的规定各自完成分内的工作，相互配合。承揽合同约定了双方的责任和义务，且彼此的责任和义务都是随着项目的推进分阶段交互进行，没有双方的支持和跟进，项目无法持续建设，更不可能顺利完成工程项目。

（7）双方都是独立的民事行为主体。发包单位和承包单位签订承揽合同之后，双方应该独立承担自己行为所带来的后果。权利和义务，作为一个承揽合同最基本特征，双方只有合法履行自己的义务后，才能获得与之对应的权利。没有责任，只有权利的承揽合同是无效的，也是不存在的；同样，只有责任而没有权利的承揽合同同样不会有人理会。

二、承揽合同的权利义务

1. 定作人在承揽合同中的权利和义务

（1）按照约定提供材料。合同法规定，由定作人提供材料的，定作人应按照约定提供材料。

（2）支付报酬。定作人需支付的报酬和材料等费用的标准，合同中有约定的，按照约定的数额支付；如合同中没有约定或者约定不明确，则依通常标准支付。所谓通常标准，应为工作成果交付的当地当时的同种类工作成果的一般报酬标准。定作人应当按照合同约定的期限支付报酬。对支付报酬期限没有约定或者约定不明确的，依照合同其他条款、补充协议或者交易习惯；仍不能确定的，定作人应当在承揽人交付工作成果的同时，定作人应当支付相应的部分报酬。如果承揽人完成的工作成果无需交付，例如，为发包单位粉刷墙壁，发包单位应于工作完成之时支付报酬。发包单位延期交付报酬的，应当承担逾期支付的利息。按照《合同法》第264条的规定，定作人未向承揽人支付报酬或者材料费等价款的，承揽人对完成的工作成果享有留置权。定作人应向承揽人支付报酬及材料费等费用，而因承揽人一方的原因无法支付时，定作人可以将报酬或者材料费等价款提存。

（3）协助义务。为了使承揽人及时完成工作成果，定作人应依照约定即按诚实守信的原则，积极协助承揽人工作。定作人不履行协助义务的，承揽人有权顺延履行期限，并在定作人对所提供的不符合要求的原材料及图纸等拒绝补正时有合同解除权。

（4）验收并受领工作成果。对承揽人完成并交付的工作成果，定作人应及时检验，对符合约定要求的，应接受该工作成果。超过约定期限领取定作物的，定作人负受领迟延责任。

2.承揽人在承揽合同中的权利和义务

（1）按约定完成工作。承揽人应按合同约定的时间、方式、数量、质量完成交付的工作。这是承揽人的首要义务，也是其获得酬金应付出的对价。承揽人应以自己的设备、技术和劳力亲自完成约定的工作，未经定作人同意，承揽人不得将承揽的主要工作交由第三人完成。承揽人将承揽的辅助工作交由第三人完成的，或依约定将承揽的主要工作交由第三人完成的，承揽人就第三人完成的工作对定作人负责。

（2）提供或接受原材料。完成定作所需的原材料，可以约定由承揽人提供或由定作人提供。承揽人提供原材料的，应按约定选购并接受定作人检查；定作人提供的，承揽人应及时检查，妥善保管，不得更换材料。

（3）及时通知和保密的义务。对于定作人提供的原材料不符合约定的，或定作人提供的图纸、技术要求不合理的，应及时通知定作人。对于完成的工作，定作人要求保密的，承揽人应保守秘密，不得留存复制品或技术资料。

（4）接受监督检查。承揽人在完成工作时，应接受定作人必要的监督和检验，以保证工作符合定作人的要求。

（5）交付工作成果。承揽人完成的工作成果，应及时交付给定作人，并提交与工作成果相关的技术资料、质量证明等文件。但在定作人未按约定给付报酬或材料价款时，承揽人可以留置工作成果。

（6）对工作成果的瑕疵担保。承揽人交付的工作成果应符合约定的质量，承揽人对已交付工作成果的隐蔽瑕疵及该瑕疵所造成的损害承担责任。交付的工作成果有隐蔽瑕疵，验收时用通常方法或约定的方法不能发现，验收后在使用过程中暴露或致定作人或第三人受损害的，承揽人应根据合同约定或法律的规定，承担损害赔偿责任。

施工合同的本质是承揽合同，发包单位和承包单位作为项目的定作人和承揽人都应具备上述的权利义务。发包单位在施工合同中，对彼此双方权利义务界限清晰划分是项目在建设过程中解决纠纷冲突的重要依据。发包单位权利的实现须建立在自己履行义务的基础上，同样承包单位赋有的义务是以享受权利作为保障的。在施工合同中，双方权利义务是辩证统一。

三、承揽合同的履约机制

承揽合同之所以订立主要的驱动力在于签约的双方都已在一点上达成共识，就是订立承揽合同所带来的好处要大于不订立合同。在给定承揽合同条件下，双方只有合作才能获得更大的收益。博弈论告诉我们，人的本性是逐利的，当双方共同意识到只有合作，才能给双方带来更大好处时，利益成了双方合作的驱动力。因此，关于承揽合同订立驱动力的问题，首先应意识到合作博弈是双方签订合同的理论基础，而利益驱动是承揽合同最为关键的驱动力。如果甲和乙为承揽合同博弈的双方，甲将成本用于项目建设，所获得的收益为 $A_甲$，用于其他所获得的收益为 $B_甲$，乙将成本用于项目建设，所获得的收益为 $A_乙$，用于其他所获的收益为 $B_乙$，基于甲和乙自身的收益比较情况来看，承揽合同得到签订的条件是：

$$A_甲 > B_甲 且 A_乙 > B_乙 \qquad (3-1)$$

如果项目建成后，产生的社会综合收益为 C，甲将成本用于其他所得的社会综合收益为 $C_甲$，乙将成本用于其他所得的社会综合收益为 $C_乙$，则基于社会公益最大化的角度而言，承揽合同签订的条件仅为：

$$C_甲 + C_乙 < C \qquad (3-2)$$

如果从甲、乙、社会综合收益三方利益所得的角度看，承揽合同签订的驱动力为：

$$A_甲 + A_乙 + C > B_甲 + B_乙 + C_甲 + C_乙 \tag{3-3}$$

从以上分析可以得出，承揽合同得以签约是建立在不同的利益出发点基础上的，不同的利益出发点对项目的要求也有所不同。式（3-1）～（3-3）分别从甲乙获得收益、社会综合收益、甲乙和社会综合收益三个角度分析了承揽合同签订的驱动条件。当然，实际合同签订驱动力远比这三种情况复杂，但总的出发点是相同的，即：利益（收益）最大化驱动原则。

承揽合同签订后，项目就正式进入建设期，合同正式运行。建设工程承揽合同的运行与其他类型的合同有较大区别。比如，出版合同的签署代表着作品的版权正式交给出版社，属于单步交易合同；采购合同的签署代表着购买货物中交货—付款步骤的约定，也属于单步交易合同；租赁合同同样属于单步交易合同。这类合同可以归结为小型合同。建设工程承揽合同的运行模式较为复杂，这类大型合同在执行过程中需要以对方履约为前提，也就是说只有对方履行合同了，自己才能依据合同内容更进一步。这类递推前进模式合同在合同执行过程中如果任何一个中间环节没有依照合同内容进行，则整个合同执行就可能陷入中止状态，可将这种类型合同称为多步交易合同，如图3-2。

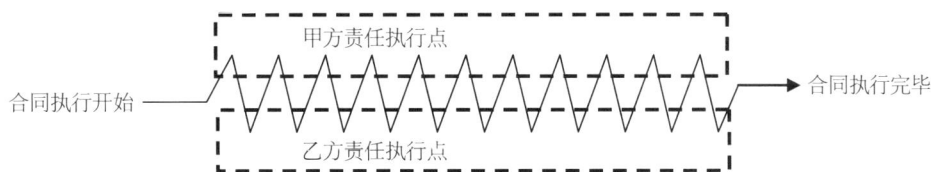

图 3-2　承揽合同履约特点

从图 3-2 可以看出，多步交易合同所有转折点分为两个部分，上部所有转折点均为甲方应履行的责任节点，相应地，下部所有转折点均为乙方应履行的责任节点。两个区域内的节点均通过直线相连，相邻节点表示甲乙双方逻辑工作的先后顺序，箭头的指向表示合同执行的方向。多步交易合同的主要特征是双方履行责任的前提是对方已履行前步责任，任何节点责任未按合同完成，造成的后果是后续合同任务无法完成。也就是说，在哪个节点处发生断裂，后续的折线形任务都无法继续推进，建设工程承揽合同恰恰符合这一特征。

案例 3-1

某项目 BT 合同约定只有等到整个项目都竣工验收了项目才进入回购阶段，施工合同则约定项目进度款按照关键节点进行支付。几个关键节点为：基础竣工验收、主体结构竣工验收、结顶验收、水电安装验收完成、装修装饰工程验收完成、整体验收以及整体验收后三年支付 10% 余款。该项目的投资方为某投资公司、施工方为某建设工程公司、建设方为某市农村建设发展公司。建设方与投资方签订的回购计划主要分为 3 个阶段。回购的第一个时间节点为：整体工程综合竣工验收后的 15 个工作日；回购的第二个时间节点为：第一次约定支付时间后满一年当日；回购的第三个时间节点为：第一次约定支付时间后满二年当日。两个回购时间节点之间的间隔期主要为了保证项目建成后的保修责任。

如果对上述的几个关键节点进行编号：基础竣工验收①；主体结构竣工验收②；结顶验收③；水电安装验收完成④；装修装饰工程验收完成⑤；三个回购款支付时间节点：整体工程综合竣工验收后的 15 个工作日⑥；第一次约定支付时间后满一年当日⑦；第一次约定支付时间后满二年当日⑧，则承揽合同运行的折线图如图 3-3。

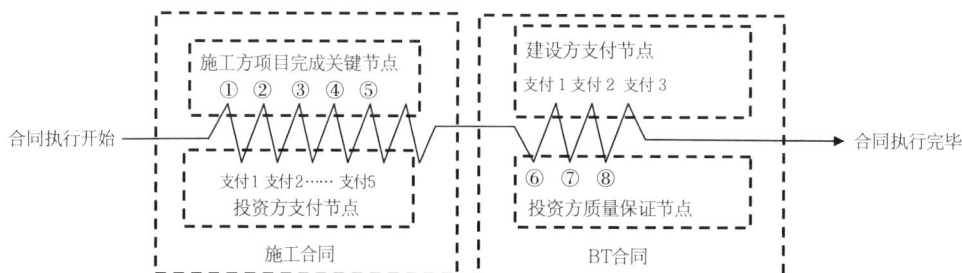

图 3-3　BT 合同与施工合同关键节点履约流程

四、承揽合同的转让

承揽合同权利的转让是指发包单位将合同权利全部或部分转让给第三人，但有以下情形之一的除外：

（1）根据合同的性质不得转让。这主要是基于特定当事人的身份关系签订的，如果合同权力转让给第三人，会使合同的内容发生变化，违反当事人订立合同的目的，使当事人的合法利益得不到应有的保护。

（2）按照当事人约定不得转让。双方在订立合同时可以对权利的转让做出特别的约定，禁止发包人将权利转让给第三人。这种约定只要是当事人真实的意思表示，同时不违反法律禁止规定，即对当事人产生法律效力。发包人如果将权利转让给他人，其行为将构成违约。

（3）依照法律规定不得转让。我国一些法律中对某些权利的转让做出了禁止性的规定，对于这些规定，双方应当严格遵守，不得擅自转让法律禁止转让的权利。

《合同法》规定，发包人转让权利的，应当通知承包人。未经通知，该转让对承包人不发生效力。发包人转让权利的通知不得撤销，但经受让人同意的除外。需要指出的是，发包人转让权利应当通知承包人，未经通知的转让行为对承包人不发生效力，但发包人权利的转让无需得到承包人的同意除外。这一方面是尊重发包人对其权利的行使，另一方面也防止发包人滥用权利损害承包人的利益。当承包人接到权利转让的通知后，权利转让即行生效，原发包人被新的发包人替代，或者新的发包人的加入使原发包人不再完全享有原权利。

承揽合同义务的转让是指将合同的义务全部或部分转移给第三人，应当经发包人同意。合同义务的转让分为两种情况，一是合同义务的全部转移，在这种情况下，新的承包人完全取代了旧的承包人，新的承包人负责全部履行合同的义务；另一种情况是合同义务的部分转让，即新的承包人加入到原债务中，与原承包人一起向发包人履行义务。无论是转移全部或部分义务，发包人都需要征得发包人的同意。未经发包人同意，承包人转让合同义务的行为对发包人不发生效力。

承揽合同权利和义务的一并转让。《合同法》规定，当事人一方经对方同意，可以将自己在合同中的权利和义务一起转让给第三人。权利和义务的一并转让，是指合同一方当事人将其权利和义务一起转让给第三人，由第三人全部承受这些权利和义务。权利和义务一起转让的后果导致原合同关系的消灭，第三人取代了转让方的地位，产生了新的合同关系。只有经对方当事人同意，才能将合同的权利和义务一起转让。未经对方同意，一方当事人擅自一起转让权利和义务的，其转让行为无效，对方有权就转让行为对自己造成的损害，追究转让方的违约责任。

五、承揽合同的终止

承揽合同属于合同的一个类别，因此合同终止的法定情形一般也适用于承揽合同。因此，我们可以从合同终止的法学释义中窥见承揽合同终止的特点。

合同的终止，是指依法生效的合同，因具备法定的或当事人约定的情形，合同的债权、债务归于消灭，债权人不再享有合同的权力，债务人也不必再履行合同的义务。

《合同法》规定，有下列情形之一的，合同权利义务终止：

（1）债务已经按照约定履行；

（2）合同解除；

（3）债务相互抵消；

（4）债务人依法将标的物提存；

（5）债权人免除债务；

（6）债权债务同归于一人；

（7）法律规定或者当事人约定终止的其他情形。

合同的解除，是指合同有效成立后，当具备法律规定的合同解除条件时，因当事人一方或双方的意思表示而使合同关系归于消灭的行为。

合同的解除有以下特征：

（1）合同的解除适用于合法有效的合同，而无效合同、可撤销合同不发生合同解除。

（2）合同解除须具备法律规定的条件。非依法规定，当事人不得随意解除合同。我国法律规定的合同解除条件主要包括约定解除和法定解除。

（3）合同解除须有解除的行为。无论哪一方当事人享有解除合同的权力，其必须向对方提出解除合同的意思表示，才能达到合同解除的法律后果。

（4）合同解除使合同关系自始消灭或者将来消灭，可视为当事人之间未发生合同关系，或者合同尚存的权力义务不再履行。

合同的解除总共分为两大类：

（1）约定解除。当事人协商一致，可以解除合同。当事人可以约定一方解除合同的条件。

（2）法定解除。在以下几种情况，当事人可以解除合同：①因不可抗力致使不能实现合同目的；②在履行期限届满之前，当事人一方明确表示或者以自己的行为表明不履行主要债务；③当事人一方延迟履行主要债务，经催告后在合理期限内仍未履行；④当事人一方延迟债务或者其他违约行为致使不能实现合同目的；⑤合同履行完毕；⑥法律规定的其他情形。法定解除是法律直接规定解除合同的条件，当条件具备时，解除权人可以直接行使解除权；约定解除则是双方的法律行为，单方行为不能导致合同的终止。

对承揽合同而言，单方提出终止合同，法院应予支持的情况主要包括两个方面：

一是由发包人提出解除的施工合同。《最高院关于审理建设工程施工合同纠纷案件适用法律问题的解释》规定，承包人具有下列情形之一的，发包人请求终止建设工程施工合同的，应予支持：

（1）明确表示或者行为表明不履行合同主要义务的；

（2）合同约定的期限内没有完工，且在发包人催告的合理期限内仍未完工的；

（3）已经完成的建设工程质量不合格的，并拒绝修复的；

（4）将承包的建设工程非法转包、违法分包的。

二是由承包人提出终止合同。《最高院关于审理建设工程施工合同纠纷案件适用法律问题的解释》规定，发包人具有下列情形之一，致使承包人无法施工的，且在催告的合理期限内仍未履行相应义务，承包人请求终止合同的，应予支持：

（1）未按约定支付工程价款的；

（2）提供的主要建筑材料、建筑构配件和设备不符合强制性标准的；

（3）不履行合同约定协助义务的；

（4）其他可以支持承包人终止合同的情形。

第三节　发承包冲突的来源及分类

　　发包方与承包方之间发生的冲突在项目冲突管理中占有核心地位。双方在项目建设中的持续互动总是伴随着各种各样的冲突，并且这样的状态始终是项目管理的主旋律。为了进一步认识他们之间发生的冲突，有必要分析发承包双方冲突产生的来源，冲突根源决定冲突属性，冲突属性和冲突的表现形式和管理方式又有必然的联系。自冲突爆发起，后续所有和冲突有关问题的解决办法均与冲突的根源有着直接的关系，因此，分析冲突根源是处理冲突问题必要前提，也是必须要完成的工作。冲突各式各样，来源也非常复杂，为了说明问题的清晰明了，需要对各种冲突按照一定的原则进行系统分类，分类的目的一是进一步认清冲突的本质，二是能对属于同一类的冲突进行有针对性的管理。基于以上目的，冲突的分类在本书的体系中占有重要地位，并且贯穿全书始终。

　　工程项目从立项筹建到最后竣工交付，需要持续很长时间，如果通过随机列举法对冲突进行逐一解读，不仅容易造成冲突的遗漏，而且也不利于冲突的系统性分类。可见，随机列举法在研究冲突问题时的缺陷是显而易见的。在本书中，我们提出以项目的全寿命周期为线索，将全寿命周期划分为多个相对独立的阶段，每个阶段可能发生的常见冲突一般是有限的，将这些有限个常见冲突列举出来，逐一对它们进行分析，做到合理地归类。这样，所列冲突不仅清楚反映发承包双方在不同阶段可能存在的冲突，而且对后续的冲突管理也能做到有的放矢。

一、项目全寿命周期及其划分

　　项目是分阶段完成的一项独特任务，一个组织在完成一个项目时会将项目划分成若干个项目阶段，以便更好地管理和控制项目，更好地将组织的日常运作和项目管理结合在一起。项目的各个阶段放在一起就构成了一个项目的生命周期。通俗的说，项目的全寿命周期是指项目从筹划、建成、服役直至报废拆除全过程，体现的是项目从孕育到出现，直到最后结束整个过程。项目全寿命周期的开始预示着项目的诞生，全寿命周期的结束预示着项目的消失。每个项目都有自己的寿命周期，或长或短，都有自身的特点。工程项目的唯一性也决定了每个项目的寿命周期也有较大不同，研究项目在全寿命周期内的变化无论对发包方还是承包方而言，都是极其重要的。工程界对项目的研究常常都基于项目全寿命周期的基础上进行的，分析考察在寿命周期内不同阶段项目需求、项目属性及项目产出等重要问题是项目管理各方需要认真考量的。

1. 项目全寿命周期的特性

虽然每个项目的寿命周期都有各自的特点，但它们都有一些共同的属性，主要表现在：

（1）所有项目的全寿命周期都可以划分为若干个阶段。不同阶段对项目而言都是不同的，具体表现为：参与方的不同；资源投入的不同；持续时间的不同；最重要的是对项目的作用不同。

（2）当项目处于全寿命周期中的某一特定阶段时，如果客观条件使得项目很难进行下去，项目很快将会进入中止状态。根据项目所处的不同阶段，中止状态有多种，常见的有筹划中止、实施中止、运营中止等多个中止状态。项目进入中止状态后，如果没有后续的资源注入项目，项目会在后续的时间内持续产生零效益，甚至是负效益。项目在全寿命周期内出现的中止状态无论对涉事主体，还是对项目本身而言，都会产生较大的负面影响，应尽量避免出现项目长时间的中止状态。

（3）项目全寿命周期是一个动态的、甚至是一个含有较大不确定性的概念。项目的全寿命周期不是一成不变的，而是会随着项目不断推进不断变化的。在项目决策阶段，存在诸多可变因素使得决策阶段延长；在项目的设计和施工阶段，不可控的因素更多，项目在这个阶段的持续时间变数更大；

在项目的运营阶段，也有诸多风险因素使得项目在这个阶段持续时间变得不可控。总之，项目在其寿命周期内因存在的诸多不确定性因素导致项目的寿命周期很难把控。从该角度分析，将项目的全寿命周期归结为一个动态的概念更为合适。一般而言，只有项目真正进入倒计时，才进入报废阶段，才能基本确定项目的全寿命周期。

（4）项目全寿命周期内部分阶段的可控性与不可控性。项目的不同阶段存在可控与不可控的特点，表明该特征既有矛盾对立的一面，又有统一的一面。项目部分阶段的可控表现在该阶段的持续时间可以通过合同、契约的手段实现，这也是项目管理的核心的内容；部分阶段生命期限的不可控，主要在于客观存在的大量风险因素对该阶段所持续时间形成重要影响，使得该阶段又变得不可控。两者矛盾与统一的特征显而易见。如果项目中的风险因素管理好了，则该阶段的持续时间就是可控的；相反，风险因素如果严重影响了项目，该阶段的持续时间也会变得不可控。项目部分阶段的可控与不可控的客观存在性对工期管理提出了更高的要求。

2. 项目全寿命周期的划分

项目全寿命周期的划分因项目而异，因人而异。项目方面，有的项目只有施工阶段和运营阶段，有的项目有设计阶段、施工阶段和运营阶段，而有的项目有决策阶段、设计阶段、施工阶段和运营阶段。有的项目管理者将设计阶段和施工阶段统称为项目的实施阶段；项目管理者方面，有的管理者将运营阶段进一步分为运营起步期、运营成熟期和运营衰退期等几个阶段；也有项目管理者将决策阶段细分为项目可研期和项目立项期。总之，不同的项目管理者对项目各个阶段的划分是有所不同的。针对项目全寿命周期划分种类繁多的特点，归纳起来，对于一个正常的工程项目，可以将项目的全寿命周期划分为决策阶段、实施阶段和运营阶段三个阶段，其中每个阶段又进一步可以细分为若干个子阶段，如表3-3。

工程项目全寿命周期及其划分　　　　　　　表 3-3

决策阶段	项目可行性研究	编制项目建议书
		编制可行性研究报告
	立项阶段	立项阶段
项目实施阶段	项目前期	拆迁征地
	设计阶段	初步设计
		技术设计
		施工图设计
	施工安装阶段	施工阶段
		动用前准备阶段
项目运营阶段	运营初期	项目交接
		试运营阶段
	运营中期	成熟运营期
	运营末期	项目衰退期及报废期

一个常规工程项目的全寿命周期可以划分为决策阶段、项目实施阶段和运营阶段等几个阶段，每个阶段又进一步可以细分为若干个子阶段，每个子阶段又可以划分为若干个具体的任务。从表 3-3 可以看出，项目的全寿命周期是由一系列连续的工作任务组成，每项任务按照顺序依次进入项目，它们持续时间的总和共同构成了工程项目的全寿命周期。下面以项目决策阶段、实施阶段和运营阶段为主要分节点，详细介绍各个阶段的主要项目任务。

（1）决策阶段。项目决策阶段的工作主要涉及项目的发起、制定目标、可行性研究以及项目批准立项等几个重要阶段。首先，项目的发起是建立在预期效益的基础上，也就是说，项目应是在论证后，在客观和主观条件均满足的条件下，由业主发起，经过一系列的行政审批手续后才正式确定下来。对于国有资金项目和非国有资金项目，两类项目的发起与确认有所不同。对于非国有资金项目，业主只要符合国家相关的建设手续，可以自主决定项目是否上马，什么时候上马，不存在行政干预的问题，在资金的使用、项目建设、运营使用方面都拥有完全的自主权。项目决策阶段较为灵活，周期较短。而对于国有资金项目，项目需要经过严格的论证，经过多个行政部门层层审批后才能立项，项目立项后才能正式投入建设。在资金使用、项目规划设计、施工、验收直至最后投入使用等多个阶段均会受到多个行政权力的介入，业主在这些阶段自主权非常有限。诸多行政权力机构的介入使项目在决策阶段所消耗的时间很长，决策流程繁琐。

（2）实施阶段。项目的实施阶段是项目全寿命周期的关键组成部分，该阶段决定了项目如何从孕育走向现实，项目实施阶段结束后，工程项目正式宣告诞生了。项目诞生同时也标志着项目的造型、结构、质量多个方面已经定型，经过简单的准备后，项目就应准备进入运营阶段了。表 3-3 将项目的实施阶段划分为多个子阶段，分别为前期阶段、设计阶段和施工安装阶段，每个阶段的任务都有特定的功能。根据作者多年的实际经验，项目的前期阶段较为关键。项目前期阶段的主要任务是根据用地红线做好征地拆迁工作，清除场地上的障碍物，以便为项目腾出必要的工作平台。但在实际的拆迁征地工作中，困难较大。一方面民众对项目的建设是否持支持态度影响着工作的难度；另一方面，关于拆迁补偿的标准，拆迁方和被拆迁方是否达成一致也是一个重要问题。产生各种所谓的"钉子户"的主要原因大都在于拆迁补偿标准难以达成一致，拆迁任务难以完成直接导致项目前期工作的延长，并影响项目的实际工期。若要彻底解决"钉子户"的问题，除了需要积极的劝服工作以外，灵活运用拆迁征地政策显得非常重要。对于多数业主单位，前期部门作为单位的重要部分，一直发挥着不可替代的作用，拆迁征地工作一般也由资历深、协调能力强的员工担任。

在项目的设计阶段，项目真正由想法正式变成了蓝图，设计人员会将业主对于项目大量的要求通过蓝图的形式表现出来，初步设计的主要任务是设计方案的草图设计，技术设计的主要任务在于图纸阶段解决项目施工中可能存在的技术难题，而施工图阶段一般处于设计的尾声阶段，属于成图阶段，在这个阶段，将整个项目的施工方案最终通过蓝图的形式确定下来，蓝图成为如何建设项目最为根本的技术依据。

在项目的施工阶段，项目正式由蓝图变为实实在在的项目实体。狭义上的项目管理是指项目施工阶段的项目管理。施工阶段是各方利益争夺、博弈最为激烈的阶段，冲突较为集中。作为项目管理者，做好这个阶段的项目管理是整个寿命周期项目管理的重中之重。在这个阶段，对项目投入的人力、物力、资金等各方面的资源都达到顶峰，各方形成一股合力共同推进项目。

（3）运营阶段。运营阶段可以进一步细分为三个阶段：运营初期、运营中期、运营末期。运营初期项目各方面还不成熟，运营起步阶段各种运营资源要素还不到位，项目的实际运营能力比较低，属于试运营阶段。运营中期阶段，项目无论是运营经验还是运营资源等方面都逐渐达到顶峰，项目的生产和产出能力均进入高峰，项目的边际效益最大。此后，项目逐渐进入衰退期，逐渐老化，并开始丧失部分或全部功能，产出大为减少。最后，项目经过大修也无法恢复其全部或部分功能，进入实质意义上的报废期。进入报废期的项目才真正意义上完成了历史使命，项目临近全寿命周期的终点。

二、项目全寿命周期中的发承包冲突

发包方和承包方之间的冲突主要集中在项目的实施阶段和运营阶段的初期。除了以上两个阶段，承包方或未进入工作，或退出工作，都不是项目的主体。在项目的决策阶段，决策的双方主要是项目发起人和立项机构，项目是否正式立项，关键取决于发起人和立项机构之间的博弈，双方发生的冲突在决策阶段占有主要地位。项目的实施阶段分为决策阶段、实施阶段和运营阶段三个主要部分，根据项目自身的特殊情况，承包方可能出现在这三个阶段中的任何一个阶段。有些项目承包方会和发包方一起开展拆迁征地工作；有些项目承包方在设计阶段就开始介入；对于大多数项目，承包方是在施工安装阶段才开始介入项目。在项目运营初期，主要有一个保修期，承包方需要在保修期内向业主承担保修责任。在运营期的其他阶段，项目的主体是项目的运营方、管理方和市场，在该阶段，所发生冲突的主体集中在上述几个单位主体。本节主要探讨承包方与发包方在几个工作阶段发生冲突主要的来源，对每个阶段可能存在的冲突进行梳理，进一步挖掘双方潜在的冲突来源，最后对这些冲突基于某些标准进行分类。这个工作将为如何管理发承包双方之间的冲突奠定必要的工作基础。接下来，我们对发包方和承包方之间可能存在的冲突将按照项目前期、设计阶段、施工安装阶段、运营初期等几个阶段进行分析。

1. 项目前期

一般承包方介入项目的情形较少，但也不排除个别特殊情形。如果项目前期并未确定承包方，则存在发包方如何选定承包方的问题。（1）发包方与承包方之间的项目团队选择性冲突成为双方确立关系时的主要冲突。发包方的期望是以最低的代价选择最优质的承包商；而承包商则是期望标价尽量高的同时，要能获得项目，双方矛盾尖锐。如果有些项目特别紧急，但设计图纸已经设计完成，承包商也可以通过招标的方式确定下来。但有时在各种因素的作用下，项目前期的工作迟迟未开展或者进度缓慢。在这样的背景下，承包商就要介入前期工作，虽然拆迁征地工作的职责主要在发包方，但承包方为了在工程开始阶段就占据有利形势，会在已完成工作面上迅速开展施工准备工作。在该情形下，发包方和承包方可能存在的冲突主要有：（2）前期工作推进不力导致承包方开工延误，造成的损失向发包方索赔，发包方拒绝索赔；（3）拆迁征地过程中出现合同中未规定责任方的事宜，双方出现冲突。施工过程中出现的意外事件索赔有时难以确定责任方，双方互相推诿扯皮的现象时有发生；（4）拆迁征地工作已完成部分工作面，发包方要求承包方开工，承包方以施工场地不符合开工条件为由拒绝开工，造成事实上的项目延误，给项目造成损失，双方产生冲突；（5）现场开工条件具备，但一些管理手续还未办理，发包方要求承包方进场开工，承包方拒绝开工。发包方要对承包方进行处罚，承包方以各种理由拒绝处罚，双方发生冲突。其他可能存在冲突。

情形（1）需要承包商在众多竞争中通过投标的方式脱颖而出取得项目的承包权。承包商需要与竞争对手、发包方进行激烈博弈才能最终拿到标权，发包方希望能以最低的成本获得最优质的承包方，而承包方则希望以最高的标价获得项目，双方的冲突主要集中在承包方技术资质能力和投标价两个方面，属于选择性冲突。发包方在选择承包方时，不仅要权衡过去已有的成绩，更要考察承包方预期完成项目的能力，甚至后者比前者更为看重，也更为重要。情形（2）—（5）属于承包方取得项目施工权后与发包方发生的冲突，确切地说这些冲突都应属于项目前期的冲突。（2）属于发包方违约引发冲突；（3）属于由于合同不完备引发的冲突，属于合同因素引起的冲突；（5）属于发包方违约引发的冲突。（2）、（5）属于发包方原因引起的冲突。（4）产生冲突的原因在于双方的认知难以达成一致。

案例 3-2

某地发生大规模的泥石流，泥石流瞬间冲毁了临近的一个小镇，小镇的房屋和基础设施建设被损坏80%。在党中央强有力的领导下，迅速开展恢复重建工作。在如此紧急的条件下，重建指挥部作为唯一的发包方采用了成本加酬金模式发包项目，项目边设计边施工。发包方承诺支付承包方现场清理费用，但当项目现场完全清理完毕时，发包方表示接到上级指示精神，为了发扬"一方有难、八方支援"的精神，要求承包方发扬一定的牺牲精神，应主动承担起现场清理费用。一些承包商认为这是政治任务，哑巴吃黄连，就主动承担起了这部分施工成本；而另一部分承包商不同意发包方的做法，在现场静坐抗议，表示发包方如果不解决这部分清理费用，将不会出场。发包方表示这是上级机关的指示精神，他们无法解决。上级机关犹抱琵琶半遮面的态度，并没有直接表态，这件事一直没有得到明确的答案。发包方与抗议的承包方之间的冲突一直在持续。

案例 3-3

某城中村改造项目，需要拆除原有住户的住房，发包方在项目拆迁前就已选定了承包方，并要求承包方在完成部分拆迁工作面后要立即着手施工准备工作，承包方按照发包方的要求很快进入项目现场，当项目拆迁完成三分之二时，部分强势的"钉子户"在施工现场阻挠拆迁工作，拆迁进度受阻。一些情绪激动的拆迁户情绪激动，从静坐抗议逐渐发展到与拆迁工作人员发生对抗和肢体冲突。在一次激烈的对抗中，拆迁户群众损坏了承包方设置在现场的部分施工设备，承包方提出就损害设备造成的损失向发包方索赔，理由是这是由于拆迁工作不力造成的，应由发包方承担损失；而发包方则认为这类偶然事件一方面在合同中没有约定，另一方面不是由发包方直接造成的，承包方没有管理好现场应负有一定的责任，同时应向闹事群众索赔。双方就这一争议的焦点始终僵持不下，形成了发包方——群众——承包方三方互相冲突的复杂关系。这样复杂的情形下，项目现场的工作只能瘫痪，冲突无法破解。随着冲突的不断持续，发包方和承包方之间又出现了新的矛盾焦点，那就是三方僵持了较长时间后，承包方在现场投入的大量的人力、机械设备和物资出现了大量的窝工现象，承包方又以发包方拆迁工作不力为由，向发包方索赔窝工费用；而发包方则认为曾书面通知承包方要妥善安排现场已有资源，尽最大可能减少因现在工作推进困难而造成的损失，显然承包方现在组织安排并不科学、也不得力，造成的窝工费用应由承包方自己承担。多重矛盾叠加导致发承包双方的关系变得极差，双方剑拔弩张。最后，不得不由城市的主要领导出面协调群众、发包方和承包方三方尖锐的矛盾，项目才得以推进。

以上两个在项目前期就出现的发包方与承包方之间出现的冲突虽然在一般的工程项目里不常出现，但这样的例子却偶尔出现在现实的工程项目当中。

现实工程项目在前期阶段双方出现的冲突不仅仅局限于（1）~（5），根据项目的不同会出现区别于其他项目的冲突。从这个角度看，在项目的前期阶段，发承包双方可能发生的冲突与项目本身的情况息息相关，一定程度上存在唯一性和特定性。项目前期阶段发生的冲突一般与后期实施阶段冲突、运营阶段的冲突有直接或者间接的影响，双方对前期阶段发生的冲突应给予充分的重视。

2. 设计阶段

如果项目采用总承包管理和边设计边施工模式，承包方在设计阶段就可能已经参与了项目的设计工作。边设计边施工模式一般适用于工期比较紧张，项目设计较为成熟的项目。因为工期比较紧张，一方面图纸设计时会受到多方催促，设计出的蓝图成熟度还比较低的，这样的图纸用于项目的施工，可操作性是较差的。因此，（6）成熟度较差的蓝图在施工过程中出现不断反复变更修改的情况，给承包方带来了经常性的变更修改损失，部分索赔发包方并不予承认，如在施工过程中，部分蓝图标注的前后不一致，导致承包方错误施工，承包方认为是设计方的责任，遭受的损失向发包方索赔；而发包方认为是承包方在施工前审图不严造成了，责任和损失应有承包方自己承担，双方会出现冲突。（7）另一方面，一些发包方在工期仓促的情况下，对项目的思考并不成熟，后果就是发包方提出经常性的变更，这将会给承包方带来极大的困扰，无论是现场施工变更，还是承包方的现场组织调度等方面都会给承包方带来难度，前者的索赔较为明确，而后者会形成一定隐形损失，索赔不易。发包方和承包方经常就隐形损失索赔难以达成一致，形成冲突。（8）项目属于边设计边施工模式，虽然发包方和承包方在签订合同时明确了具体的工期，但该工期有时只是一个预期工期，边设计边施工模式下，工期较难把控。随着项目的推进，发包方可能会不断修改工期目标要求承包方实现，发包方强势要求的前提下，承包方为了实现不断变动的工期，无论是技术层面还是经济层面，实现发包方要求的难度都较大，成本会大幅提高。部分提高的成本向发包方索赔时实现难度较大，双方冲突在所难免。（9）更多的情况是一些发包方要求承包方尽快进场施工，即使在设计图纸还未完成仓促施工的现象较为普遍，这为后续的施工质量埋下了较多的隐患。承包方意识到不具备施工条件，会提出拒绝施工，双方会就施工工期问题发生冲突。其他有可能出现的冲突。

边设计边施工时，双方形成的冲突多数因为工期紧张造成的，核心问题的根源在于发包方，但由于种种原因，发包方为了推脱自身责任，将项目造成的额外费用让承包商承担，这样的结果是在项目的起步阶段就会造成双方的矛盾，如果这些冲突矛盾没有管理好，将会为后续的项目管理埋下隐患。项目的开局至关重要，如果承包方在设计阶段就介入项目，为了避免不必要的冲突和麻烦，一方面应加强合同条款，另一方面也要加强与发包方的关系建设，种种迹象表明，在合同不完备的前提下，双方关系的好坏有时是决定冲突发生发展的关键因素。

案例 3-4

　　某项目工期较紧，发包方在设计方案确定之前就已确定了承包方，项目采用边设计边施工方案，尽管该方案对发包方和承包方而言都存在较大风险，但同时也意味着较大盈利空间。某地承包商还是选择承包了该项目。虽然整个项目的设计方案都严格按照国家规定的程序按部就班进行，但时间仓促，承包商拿到设计文件开始施工后，设计图纸并不完善，错误漏洞百出，给施工造成了极大困扰。比如对该项目的裙房部分是否应该施工的决策，发包方始终摇摆不定，但设计院提前确定了裙房的蓝图方案。由于承包商内部信息未能及时传达到施工员和施工班组，施工员认为有了设计图纸就应施工，于是在工期紧迫的压力下完成了裙房附属工程的部分工程量。当发包方明确接到裙房部分不予施工的上级指示消息后，在检查项目工地时，发现裙房已开始施工。消息滞后与内部沟通不善的原因致使这部分已完工程量不得不面临拆除的命运。裙房附属工程拆除后，承包方提出向发包方索赔，理由是已完的设计图纸给了承包商裙房附属工程确定施工的信号，导致班组错误地认为这部分工程应包含在项目内，责任方在发包方，发包方则提出了不同的意见，他们认为一方面发包方并没有下达裙房项目要施工的书面和口头指示，第二，承包方内部沟通不够，对基层施工员和项目班组疏于管理，草率施工导致了损失的发生，主要责任在承包方，承包方应承担所有拆除和清理损失的费用。双方在开会时，为了此事，唇枪舌剑，僵持不下，几次不欢而散，冲突激烈时，发包方和承包方甚至大打出手，承包方以退场和起诉法庭相要挟。

案例 3-5

某地要兴建一座防洪水库，项目规模较大，项目采用了边设计边施工模式。发包方要求承包方必须要在下一年度洪汛来临之前将水库修建完工。随后，承包方按照原定计划施工，项目施工到下一年度初时，发包方根据气象预报得到消息称今年的汛期将提前一个月到来，并要求承包方倒排工期，项目至少提前一个月完工。承包方接到发包方的指示，迅速调集大量资金、人力、物资到工地现场，甚至承包方企业负责人亲自督战抢工期。正当项目部热火朝天加快施工进度两个月后，当地气象部门通知发包方称受厄尔尼诺现象的影响，今年汛期可能会提前一个半月，概率较大，并请在建项目做好相关防雨防汛准备。接到通知后，发包方第一时间转发了这则重要的气象信息，并要求承包方从项目和当地民生福祉大局考虑，必须要赶在汛期来临之前高质量完成水库建设，科学安排工期。承包方接到发包方不怎么明确，并略显模糊的指示后，经慎重考虑决定再次增加投入抢施工，并将工期目标设定为提前两个月。经过承包方几个月连续奋战，项目终于提前两个月竣工验收，紧接着汛期如约而至，水库充分发挥了其蓄洪防洪的能力，该地区免遭当年洪水的肆虐，建成的水库发挥了至关重要的作用。但项目在结算时，承包方要求就这两次抢工期的费用向发包方索赔，发包方对两次索赔进过仔细计算和认真考虑后，做出如下决定：承认第一次抢工期造成费用的索赔；驳回第二次抢工期造成费用的索赔。理由是第一次抢工期是发包方明确发出的指示，费用应由发包方承担；而第二次抢工期费用是承包方自行安排的，发包方在通知中并没有明确要求承包方提前工期，费用不应由发包方承担。承包方则认为发包方是在玩文字游戏，转发通知中的内容确实存在一定的歧义，但发包方不应如此推卸责任，双方就第二次抢工期的费用索赔问题僵持不下，冲突不断发展升级。

案例 3-6

某项目实行的是边设计边施工的管理模式，承包方全程跟踪项目的设计过程，并实时与设计部门对接设计进程中出现的各种技术难题。该项目一处钢结构连接节点处可以采取两种连接方式，一种方式是采用焊接球连接方式；另一种是高强螺栓连接方式，项目的招标和投标文件并没有明确指出该处节点应该采取哪种连接方式，设计部门明确向发包方和承包方说明了两种连接方式的施工难点、施工设备和施工成本等事项，并强调指出只有三方达成共识之后才能继续设计工作。经计算分析，焊接球方式施工设备要求高，人员素质要求高，成本高昂，但球形焊接不仅美观，而且耐久性和承载力都比高强螺栓连接高；相对应地，高强螺栓施工较为简单，对设备和人员要求也不高。发包方经过权衡后，认为该处节点应采用球形焊接方式，承包方则认为球形焊接施工方式以目前公司现有的设备条件和技术力量难以实现，需要委托专门的技术公司承担施工任务，但这将大幅增加成本，利润预期会出现大幅下降，不是首选的施工方式。发包方则提出承包方在投标时已经说明了企业具备了一级钢结构施工资质，应具备了焊接球连接方式的施工能力。双方自说自理，始终无法在施工方式上达成一致。鉴于冲突的焦点无法得到解决，导致项目在现场停工了数月，有些施工设备陆续撤出场外，现场工人陆续离开现场，双方对立冲突造成的损失不断扩大。最后，双方不得不互相妥协，发包方承诺将适当补偿承包方采用焊接球连接方式额外增加的施工成本，愿意为承包方提供技术供应商，并提供担保。双方冲突才告一段落。

　　设计阶段就有承包方参与管理工作，在实际的项目管理中并不多见。一般在设计阶段有承包方参与并不利于发包方对承包方的管理，无论项目的总造价还是总工期的变数都较大，发包方和承包方之间的冲突常常是影响造价和工期的重要变量，双方冲突的主要原因还有项目仓促，以及合同的不完备所引发的冲突。边设计边施工是承包方参与设计阶段项目工作的主要形式，在这种情形下，发包方与承包方可能发生的冲突甚至会超过正常的承包方在施工阶段才介入项目的模式，在设计阶段，双方冲突造成的损失会更加惨重，对项目的影响更加严重。

3. 施工安装阶段

项目的施工安装阶段是发包方和承包方冲突最为集中爆发阶段。在这个阶段，大量的人力、物力、财力资源投入到项目建设过程中，发包方和承包方就各种资源的争夺更加激烈，冲突频繁发生。主要的冲突和矛盾有：（10）项目管理目标冲突。发包方和承包方之间管理和被管理的关系使双方在项目管理目标上存在较大分歧，也是双方冲突的主要来源。项目管理目标主要包括质量、进度、成本和安全等多个指标，双方对这些项目管理目标是不同的。发包方希望能用合同成本赢得项目的高质量和较短的工期，而承包方则希望用最低的施工成本达到合同要求的质量和工期。承包方降低成本的同时，项目的质量难以得到保障，工期也会相应地延长。很显然，双方对项目指标的要求存在明显分歧，双方经常就不同的项目管理目标发生冲突。（11）组织管理流程。双方在项目开始前会就技术资料管理流程、资金审批流程以及日常事务管理流程等重要流程顺序达成基本一致。但随着项目的持续推进，项目本身和周围环境均可能会发生一定的变化，这些管理流程在实际的操作中，双方可能会认为某些流程并不合理，一方要求更改管理流程，而另一方想维持现状，较难取得一致共识，双方必然产生管理流程冲突。（12）成员个性冲突。俗话说物以类聚，人以群分，意思是说只有相似的东西才能放在一起归类，只有气味相投的人才能相处。工程项目团队是由各个单位抽调的工程师组成，团队的组成有一定的随机性。作为项目团队的主要成员，发包方和承包方的人员和谐相处决定了项目团队是否稳定的关键因素。现实情况是，双方单位选派的人员经常会因为个性不相容发生摩擦和冲突，轻则互相指责，重则大打出手也不鲜见。因此，发包方和承包方的成员个性是否相容同样是双方是否产生冲突的重要因素。（13）项目资金冲突。资金是项目正常进行建设的核心要素，项目没有资金如同人体没有血液一样，无法生存。对项目资金的冲突主要集中在保证金、预付款、进度款、尾款支付等。发包方主要负责项目资金的支付，而承包方主要负责用发包方拨付的资金用于项目建设。在这里冲突主要集中在两点：一是发包方能否按时按需支付项目建设资金；二是承包方是否真正将项目资金用于项目建设上。双方的互相监管经常会引起冲突，前者主要是由承包方作为冲突的发起方，而后者引起冲突主要是由发包方发起。（14）承包方舞弊冲突。承包方是项目建设的实际操作者，为了获取最大收益，有些承包方在各种诱惑下铤而走险，在项目施工中偷工减料，在发包方监管的盲区舞弊从而攫取不正当利益。一旦被发包方发现其中端倪，发包方势必要求承包方返工或者接受处罚，在舞弊和反舞弊的博弈中始终伴随着各种冲突。（15）合同不完备引起的冲突。发承包双方主要的合作基础是施工合同，履约合同既是双方的权利，又是双方的义务，但在合同履行过程中，会出现各种突发或意外事件，这些事件可能在合同中并没有约定或者约定并不详细，这为此后的合作产生冲突埋下了隐患。然而，合同的不完备特点又是客观存在的，任何人都无法预料项目在建设中所面临的各种情况，由合同的不完备引起的冲突必须引起双方的重视。其他可能出现的冲突。

案例 3-7

某地中学搬迁工程的发包方为甲公司，承包方为乙公司。合同工期目标为一年，项目质量要求为合格。但在项目建设过程中，甲公司在施工工艺、施工材料、施工人员等多个方面对乙公司提出了多方面的要求。乙公司从节约项目成本考虑，认为项目质量只要达到合格标准就能满足合同要求，多次拒绝甲公司的无理提议。双方因项目质量和成本管理目标的不同在施工中多次发生冲突，甲公司凭借管理方面的优势多次找各种理由克扣乙公司的进度款，乙公司以甲公司经常拖欠克扣进度款而多次停工。结果造成项目的工期一再被拖延，双方又增加了新的矛盾。最后，为了项目的整体利益考虑，双方又坐到桌面上，互相妥协，各让一步，项目才得以推进下去。

发包方和承包方双方由于扮演的不同角色，对项目质量、成本、工期的要求天然是存在矛盾的。双方固有存在的矛盾如果处理不当，很有可能成为冲突的导火索。发包方和承包方应在签订合同时充分沟通交流，将合同没有约定或者没有明确约定的事宜说明清楚，以没有歧义为前提；另一方面，本着为项目、为整体利益大局考虑，双方应在各自弹性范围内互相妥协让步，使项目能够正常推进下去，争取做到共赢。

案例 3-8

某高校副教授到某施工企业挂职锻炼，负责某项目的现场管理工作。到了施工现场以后，虽然该副教授在专业知识方面是行家里手，但到了真正负责管理工程项目时，他的无论思维方式还是行为方式都与现场的施工环境格格不入，多次现场协调过程中都没有很好地解决问题，在工地现场留下了较差的声誉。无论是发包方、项目班组，还是当地群众都认为该副教授书生气太重，在解决实际问题的能力上能力不强，欠缺太多，不适合在工地上管项目。该副教授与上述人员共事期间，多次于上述人员发生冲突。不久以后，他在工地上很快被孤立起来，开展工作的时候到处磕磕碰碰。施工企业得知该副教授的工作状况后，迅速将他调离。

该副教授由于长期在高校任职，多年的高校浸淫使他的思维方式和行为方式与社会产生较大的差异。以中国目前工地的现状，建筑工地现场一线的操作人员和管理人员的素质都不是特别高，高校副教授在施工现场虽然专业知识满腹经纶，但在管理不同层次的人员时，除了需要必备的专业知识外，实际的项目管理经验和技巧其实更为重要，显然，他在这方面是比较欠缺的。副教授的个性、秉性、脾气等多方面与其他人员的不相容会使得他与其他人员共处时，更容易产生矛盾。总之，施工企业在选拔任用项目经理时，应该综合考察人员的综合能力，拟任人选是否能快速适应一线工地的施工现场工作，专业知识是否足够，管理能力是否具备。这些素质都决定了该候选人能否胜任项目经理岗位的核心因素。

案例 3-9

某国有道路工程项目采用公开招标的方式进行，某市政施工企业通过行贿发包方的形式获得了该道路工程的施工权。就在项目进行了四个月后，该地方的监察部接到匿名投诉称该市政施工企业是通过不正当手段获得该项目，其行为涉嫌违法，并要求监察部彻查，给公众一个交代。监察部迅速启动调查，经查，某市政施工企业通过行贿方式获得项目情况属实，申请法院撤销了该企业的承包权，原施工合同无效，并要求该企业立即停止施工。市政施工企业接到通知后，承认自己的违法行为，同时提出现场已经施工四个月，已投入建设资金累积达6000万元，期望发包方能够给个说法。发包方回应称，涉事负责人已被双规，其已为自己的受贿行为付出了代价，企业作为行贿方，应负主要责任。在现场已投入的6000万元损失理应由自己承担。施工企业的相关负责人多次寻求与发包方谈判，双方就此事冲突不断，多次不欢而散。

该市政施工企业虽然通过舞弊的手段获得项目，最后因为自己的舞弊行为而蒙受了巨大的损失，结果令人唏嘘。行贿受贿行为暴露后，施工企业认为发包方应补偿部分的损失，而发包方称其行贿行为在先，是主要的过错方，损失应由其全部承担。法院已撤销了施工合同，施工企业要求发包方承担部分损失没有依据。该案例属于典型的由于承包方舞弊导致与发包方发冲突的典型案例，发包方和承包方都应恪守行业规则，引以为戒。

4. 项目运营阶段

一般而言，项目进入运营阶段后，承包方已退出施工建设阶段。在运营阶段，项目参与主体有运营方、市场、管理方。项目运营方和管理方、市场之间的冲突将成为这个阶段的主要矛盾。此时的承包方并没有完全退出项目管理工作。承包方在项目运营阶段初期还有两项未完成工作。一是项目决算还未进行，项目5%的保修金还未领取；二是项目保修期限未满，承包方在保修期限内还负有保修责任。项目运营初期非常重要，在这一重要时期，一些在建设期未暴露出来的质量问题会随着项目运营的深入逐渐暴露出来，这正是检验项目施工质量的关键时期。如果项目在保修阶段正常运行，质量完好，承包方会顺利领取保修金；相反，如果项目在运营过程中问题不断，承包方不仅需要免费负责维修，还需对出现问题的类似部位进行复检，一直到项目保修期满，且项目不存在任何质量问题才可以领取保修金。考虑到承包方在项目运营阶段的主要任务，可以将其与发包方之间的冲突归纳为：(16) 保修责任确认的冲突。一些质量问题是运营方使用不当造成的，还是项目本身的质量问题较难界定，双方易引起冲突。(17) 工程决算价款和保修金领取冲突。一般项目的决算是在竣工交付后进行，发包方倾向于将决算的多余应付款项作为项目质量的押金，虽然这不符合合同约定，但实际操作中，发包方经常采用这种方式管理承包方。此外，项目的决算价款承包方如果存在异议，可以向相关单位部门申诉，双方可能会引起冲突。项目保修金的领取需要基于承包方的表现确定，如果发包方认为承包方履约不力，很有可能会扣押部分保修金，双方难以达成一致，形成冲突。其他可能出现的冲突。

案例 3-10

某地需要迁建机关幼儿园项目，发包方是甲公司，承包方是乙公司，项目竣工验收后需要移交机关幼儿园使用。项目移交后，机关幼儿园投入使用一段时间后发现连接音乐艺术厅和教学楼之间的伸缩缝存在渗水现象，幼儿园方面报请甲公司出面做必要的维修，接到请求后，甲公司知会乙公司，以项目还在保修期内为由，要求乙公司迅速第一时间到现场查看，并做好维修工作。乙公司接到通知后，迅速第一时间赶到现场进行了查看，发现导致伸缩缝渗水的主要原因是伸缩缝部位被疲劳性踩踏造成防水材料迅速老化、破损，从而引起了蔓延性渗水。现场渗水面积已从伸缩缝部位逐渐扩展到墙壁两侧，造成两侧墙面已有的彩色涂料污染严重。找到原因后，通过园方进一步问询得知，该处是幼儿园课间休息时，小孩的主要活动场所。根据现场查看和实地调查掌握的第一手信息，乙公司向甲公司回复称，造成伸缩缝渗水的直接原因是众多小朋友反复踩踏，甚至有小朋友玩弄伸缩缝材料造成防水材料损坏而引起的渗水，属于园方日常使用管理不善造成的，主要责任在幼儿园方面。很快园方强势回应主要原因是乙公司施工质量不过关，小孩的反复踩踏应是乙公司预料之中的，乙公司应承担主要责任，无条件修缮伸缩缝并承担所有修缮费用。

双方各执一词，都要求对方承担主要责任，三方在协调会上甚至恶语相向，互相指责对方不负责任，冲突剧烈。最后幼儿园方面向上级单位当地教育局报告，要求教育局出面，与建设局交涉解决渗水问题。在双方主管部门的关注下，此事才得以解决。

项目的运营阶段是承包方参与项目的最后阶段，承包方应在这个阶段多到项目现场巡视，了解项目的生产运营情况，如果发现问题，应及时告知项目的运营方。在保修工作方面，应积极主动，不让损失进一步扩大，陷自己于被动之中。

三、发承包冲突的分类

从上面的分析可以看出，在项目的全寿命周期中，只要发包方和承包方之间有工作关系，两者就存在冲突的可能。上述（1）～（17）项只是反映了两者较为常规的冲突，其实冲突的种类和数量并不仅限于此。为了能够更加全面认识了解冲突，需要对冲突进行系统性的分类，这样有助于我们能够以更加科学的视角认识和管理冲突。冲突的分类标准多种多样，如果将这些冲突全面纳入到不同的分类标准中，可以进一步丰富项目管理冲突的内涵，为我们科学管理项目冲突奠定丰厚的理论基础。

在第一章，我们已经将冲突划分为多个冲突类别：组织内和组织外冲突；建设性冲突和破坏性冲突；形成原因不同的冲突；本质属性不同的冲突；动机特性不同的冲突等。发包方和承包方都属于项目的组成成员，属于组织内冲突范畴；而冲突的两面性是所有冲突的共性特点；动机特性主要侧重研究单位个体的冲突问题，而发承包冲突基本可以归纳为单边利益冲突范围，这些标准都不属于此次分类的范畴。本章对发包方和承包方之间的冲突进行的分类主要集中以下几个标准：①形成原因不同；②本质属性不同。下面

将对上述已经列出的发承包双方（1）~（17）项冲突根据这两个分类标准进行归类。需要说明的是，部分冲突事件的分类并不是刚性的，而是存在一定程度的重叠。

1. 形成原因

一些学者对各种冲突的形成原因进行过细致的观察，发现这些冲突形成的原因可以归结于几种情况：一是利益引起的冲突。利益冲突是指冲突的双方为了争夺你有我无、排他性的利益争夺而形成的冲突，在工程项目上主要涉及资金、物资、组织管理方面的竞争。发包方和承包方属于管理与被管理的关系，他们之间引发的冲突可以被理解为地位冲突。地位的不同使得他们对彼此的要求是不同的，对涉及利益的态度也截然不同。这种类型的冲突占据了双方冲突的主体，也是双方冲突的主要来源。二是价值观方面的冲突。价值观与个人的教育背景、成长生活经历直接相关，同时直接影响了成员个性。比如，如果发包方的学历为本科，承包方的学历为小学，显然，两者搭档工作时对同一个问题会出现截然不同的见解，有时这些不同的见解表现出的分歧甚至是难以调和的。可以说价值观方面的冲突是结构性的，很难消除。三是认知冲突。认知冲突主要是指认知主体对同一事物认知出现偏差，表现在认知不全面、认知重点不同、认知歧义等，这些认知方面的差异导致了双方产生冲突。四是目标冲突。发承包双方在目标冲突方面主要指质量、成本和进度冲突，属于项目管理目标冲突的范畴。将上述（1）~（17）种常见冲突按这四个标准进行分类，见表3-4。

形成原因标准下的发承包冲突分类

表3-4

	项目前期	设计阶段	施工安装阶段	项目运营阶段
利益冲突	（3）	（7）	（11）（13）（14）（15）	（17）
价值观冲突			（12）	
认知冲突	（1）	（6）（9）	（15）	（16）
目标冲突	（2）（4）（5）	（8）	（10）	

2. 本质属性

工程项目冲突按照本质属性分类，可以分为资源类、协调类、组织类、客观类和优先权类等多个类别。不同的冲突产生的原因不同，与该冲突的本质属性有直接的关系。应对不同属性冲突对症下药，找出该冲突所属类别。上述（1）～（17）项发生在发包方和承包方的冲突大致属于资源类、协调类、组织类和客观类冲突，不在优先权类冲突的范畴。分类见表3-5。

不同本质属性标准下的发承包冲突分类

表 3-5

	项目前期	设计阶段	施工安装阶段	项目运营阶段
资源类	（1）		（10）（13）（14）	（17）
协调类	（2）（3）（4）（5）	（6）（7）（8）（9）	（15）	（16）
组织类			（11）	
客观类			（12）	

第四节　发承包冲突管理

　　发包方和承包方之间的特殊身份属性决定了两者存在冲突和矛盾的必然性。既然他们存在冲突是客观的，那么如何发现他们之间存在的冲突、如何管理冲突则成了管理者们必须面对的一项课题。本节我们将从发包方的角度，重点分析如何管理好发包方和承包方之间的冲突，如何将这些冲突很好地控制在可控的范围内。通过转换视角，如何以冲突为契机，实现项目管理团队绩效的大幅提升，这将会是一项非常有意义的工作。

　　发包方作为管理方，在双方冲突中处于主要地位，谈一谈从发包方的角度如何管理好冲突更易于理解，也更加符合实际的项目管理工作。在第一章第四节中，将冲突分为建设性冲突和破坏性冲突两大类，分别讨论了应如何管理这两类冲突。这样的思路同样适用于发包方与承包方之间的冲突。我们将从三个角度探讨基于发包方的角度应如何管理冲突。这三个角度分别是：冲突的发展演化角度、引起冲突的核心要素角度和冲突不同分类的角度。

一、冲突持续演化视角下的发承包冲突管理

　　双方建设性冲突包含两个方面，一是起初没有冲突，通过管理手段激发建设性冲突；二是爆发烈度水平可控的冲突，将此冲突朝着建设性方向进行适当引导，最终化为建设性冲突。发包方与承包方对于前者冲突的情形，应充分发挥发包方管理方面的优势，通过高效的管理对承包方提出更多要求，激发承包方内部冲突以及与发包方之间的冲突，这些冲突是为了调整承包方内部结构，挖掘其潜力的有效手段。发包方需要做好观察和掌控冲突变化情况，只要冲突达到建设性的要求后，就应及时消除冲突。对于后

者冲突，需要甲方进行有效的引导，在控制冲突朝着恶性方向发展的同时，需要发包方具备敏锐的眼光和果断的措施对冲突进行干预，使冲突凸显其建设性的一面，尽量规避对项目和团队产生破坏性作用。

案例 3-11

某政府安置房项目投资 2.4 亿元，建筑面积 38.4 万平方米，工期三年，项目质量要求是合格。发包方邀请了一家大型施工企业进行施工。项目进行了一年后，发包方逐渐发现承包方失去了刚开工时的干劲，工作出现懒怠、散漫，似乎整个项目团队进入了疲劳阶段，管理松懈，甚至在现场还出现了工人穿着拖鞋，赤膊上阵的场面。工人罔顾自己的安全在现场施工不仅增加了安全隐患，更不符合现场安全文明施工的要求。面对承包方如此工作状态，发包方绞尽脑汁欲想办法改变目前的局面。恰逢该项目所在省的省建设厅正在全省建设系统开展安全文明标化工地的评选活动，当地政府准备将该项目上报。发包方正好利用此次契机，向承包方在安全文明施工方面提出更高要求，一是要将划拨给承包方的安全文明施工费落到实处，并承诺还会进一步适当增加安全文明施工费以改善现场目前的施工条件；二是要求承包方立即整顿项目管理团队和技术工人队伍，坚决不能出现管理人员懒怠、施工人员光膀子这样不文明的情况，承包方要想尽一切办法充分调动管理人员和工人队伍的积极性，以创建省级安全文明标化工地为抓手，真抓实干，努力使施工现场的面貌焕然一新。

承包方接到指示后，起初对参加省级安全文明标化工地的创建并不感兴趣，认为这是劳民伤财，况且合同也并没有该项任务条款，可以回绝。双方因此事冷战了一段时间后，高层开始接触进一步谈判，除了明确增加安全文明施工费的具体数额以外，发包方承诺如果项目入选获得该项荣誉，将会对承包方实施奖励。新的管理目标出台后，刺激了承包方的神经，很快施工现场无论场容，还是精神面貌都焕然一新，项目建设进入到了一个全新的阶段。

案例 3-12

某项目采用 BT 模式投资建设，投资方与承包方组成联合体施工，并由投资方寻找经济承包人，投资方通过中标价格下浮若干点数给承包人，由承包人自筹资金，自负盈亏。发包方将工程量计量委托给专门的咨询公司负责。在某次已完成工程清单计量中，咨询公司将已完成工程计量清单交由发包方，发包方无意中看到自己完成的某清单中没有的大型岩石清理工程量被咨询公司扣除，非常恼火。经济承包人直接找咨询公司的工作人员理论，要求重新复核这部分的工程量。工作人员对监理人员提供的原始记录进行核查，发现并没有这项工程量，对经济承包人的要求予以拒绝。事后，经济承包人在咨询公司办公室大闹，认为此事是咨询方和监理方不负责任，代价不能由承包人承担，要求咨询公司工作人员变更结果，双方在办公室你来我往，言辞激烈，冲突逐渐升级。冲突公开化导致项目部内的管理人员和一些工人围观，后经确认，该事件是由于现场监理员自身的疏忽导致遗漏了大型岩石工程量的计量，监理方承认了工作失误，并主动增加了这部分工程量。找出原因后，冲突暂时得以平息。此次冲突的升级和公开化一方面给监理人员给予警示，因为你的过失造成了冲突的发生，给项目团队增加了不和谐的因素；另一方面其他相关单位和部门相关人员工作也更加谨慎和认真，严格履行自己岗位责任。这次冲突不仅没有造成较大的负面效应，反而使得项目团队更加认真工作，项目建设绩效得到提升。冲突的积极效应得到充分发挥。

案例 3-11 体现了发包方通过管理手段激发建设性冲突，而案例 3-12 体现了对冲突的控制朝着积极的一面发展，此案例是一个充分发挥冲突的建设性功能，规避破坏性功能的典型案例。

对于负面作用明显的冲突，应对其进行全过程管理。也就是所谓的广义冲突管理。发包方与承包方广义范畴的冲突管理涉及冲突变化的每一个环节。理论上应将负面效应明显的冲突遏制在萌芽状态，从根本上消除恶性冲突爆发的可能性，这就需要发包方做好冲突预防工作。然而现实的情况是恶性冲突的发生猝不及防，当发现有冲突发生时，冲突已发展到相当程度，发包方需要做的是如何防止冲突进一步升级恶化，负面效应持续扩散。通俗地说，就是如何收场。为了稳定住局面，防止事态恶化，发包方作为冲突中的一方，应采取积极稳妥的方式处理冲突。整合、宽容、折中、回避，这些处理冲突的方式能够很好地使冲突降温，发包方在选择其中一种冲突管理方式时，应注意观察承包方的反应。发包方单方面控制恶性冲突的努力必不可少。

案例 3-13

某城市地下车库工程在土方开挖过程中，挡墙采用排桩支护。当土方开挖一半时，恰逢当地雨季，当年降雨量远超往年平均水平，地下水位暴涨。某日夜，地下室西北角发生了挡墙大面积坍塌事件，大量淤泥和地下水涌入地下室基坑，而且现场情况非常危急，随时可能发生二次塌方。承包方发现险情后，立即组织相关技术人员对现场进行处理。因事态紧急，承包方在未请示发包方意见的前提下，自行选择了技术方案对塌方部位进行了处理，处理结果如下：①立即从周边工地调集钢板桩，将钢板桩采用挖掘机锤击入塌方部位，防止该部位发生地下水渗入和发生二次塌方。②对已流入坑内的淤泥和石块进行清理，采用抽水泵抽取坑内地表水，防止地表水对基坑冲刷和破坏。③现场采用搅拌机，临时拌制细石混凝土，钢板桩表面清理完毕后，立即对钢板桩喷刷细石混凝土，并与周边排桩连为一体。④进一步巡查塌方周边一定区域内的地面是否存在较大裂纹，如果裂纹较大，及时灌注水泥砂浆以加固土体。⑤进一步加强塌方区域的土体监测，并派人专门值守。

事发后的第二天，项目经理迅速召集发包方、勘察设计方、监理方等主要项目参与单位就昨夜发生的基坑塌方事故进行讨论。发包方和勘察设计方以钢板桩使用功能受限为理由，要求承包方在塌方区域重新施打排桩补齐，费用由承包方承担，承包方认为地下水位暴涨是引起该事故的主要原因，勘察设计没有能很好预见自然灾害，对基坑支护的设计余量不够，最终导致了事故的发生，发包方不仅应承担排桩修补的费用，还应承担昨夜抢救性作业的费用。双方各执一词，互不相让。最终，对事件的责任方认定出现较大分歧，双方不欢而散。因所涉及的费用较大，发包方和承包方的高层曾多次开会协调，双方甚至闹到一方要清退，另一方要起诉的地步。眼看时间一天天过去，分歧依然没有转机的迹象。工期红线就要到来，发包方为了项目的整体利益考虑，主动提出双方各让一步，与承包方达成一致协议，主要包括：①当晚抢救性作业费用由承包方承担；②自然灾害难以预见，客观自然灾害的发生会使设计上存在不足，排桩修补费用由发包方承担；③设计方应到现场指导补桩工作。

二、合同与关系途径下的发承包冲突管理

第二章我们重点叙述了合同和关系，这两种要素对冲突影响的重要性。合同是发包方和承包方缔结的正式书面协议，受法律的保护和约束。合同条款作为合同的主要内容，明确了发包方和承包方的权利和义务，双方都应严格执行。某种程度上说，合同作为冲突管理的重要手段，属于冲突的刚性管理要素。相应地，关系是人际和谐程度的反映，无数实践经验表明，关系的作用在冲突管理中的重要性程度并不亚于合同的作用。冲突管理者应给予合同和关系这两种管理要素同等地位，充分发挥它们在冲突管理中的重要作用。

发包方和承包方签下的施工合同作为日后项目施工管理的依据。施工合同主要由合同协议书和中标通知书、通用条款、专用条款、标准规范和有关技术文件、双方各自应承担的权利和义务等几部分组成。合同协议书和中标通知书一般会将整个项目的基本概况，包括项目名称、中标价格、施工范围、工期、质量要求等重要信息做出明确，这些也是双方施工建设过程中最重要的依据。合同协议书一旦签署达成，在没有特殊情况下，协议书在履行过程中很难再有变更。通用条款主要对一般工程建设可能出现的问题作出说明；专用条款主要针对项目的特殊性，项目可能出现的问题进行说明，包括双方可能出现的争议等等。双方各自应承担的权利和义务，

对双方应承担责任和应享受的权利作出说明，这部分内容是日后确定变更费用、索赔事项的重要依据；标准规范和有关技术文件主要包括图纸、清单、国家和地方的标准规范、规定，这些都作为确定承包方的施工范围以及技术标准的重要文件。

从合同的层面上看，发包方和承包方引起冲突的原因主要在两个方面，一是合同的不完备性；二是合同的履行。合同的不完备性包括合同内容的不明确和合同空白两类情况。每个工程项目所面临的情况千差万别，施工合同不可能包含该工程项目在建设过程中所有可能发生的情况。如果双方出现的分歧可以在合同中找到相应的条款，则冲突可以参照合同条款有理有据地解决；如果双方出现的分歧可以找到对应的条款，但不完全符合分歧事项，或者在合同条款处理该事项时，存在理解上的分歧，又或者完全找不到对应的合同条款，这些都属于合同的不完备情形。正因为无法通过合同解决双方分歧，冲突会随之而起。要尽可能解决由于合同不完备而引起的冲突，一方面应尽量选择具备丰富施工经验的人员起草合同，将施工过程中可能出现的冲突事项尽量多的包含在合同条款中，另外在合同语言和措辞方面应具备较高的专业性和技巧，能应对可能出现的大量冲突事件；另一方面，应在合同条款中建立备忘谅解机制，为后续出现的冲突留有充分谈判和协商的空间，比如补充协议和临时会商制度都是备忘谅解机制很好的体现，也是基于合同不完备的情况下，发包方与承包方解决偶发冲突的通常做法。

案例 3-14

某施工合同对钢筋、混凝土等主要建材的品牌做了详细的规定，但对水电管材、铝合金门窗、防水材料的品牌未做明确的要求，合同只是模糊地表示，"优先选用市场中认可的中上档次的品牌"。在后来的施工中，承包方选用了皮尔萨管材，铝合金选用了坚美铝材，当这些材料运到施工现场安装了近三分之一时，甲方和监理要求承包方将这些材料退场，并明确表示该项目在当地属于高端项目，应选用市场前三的品牌，皮尔萨和坚美虽然市场口碑还不错，但品牌还不够档次，要求承包方将已经施工的材料全部更换，没有安装的材料全部退场。承包方认为选用皮尔萨和坚美完全符合合同中"中上档次品牌"的要求，发包方这一要求毫无根据，完全是单方面的要求，对发包方的要求直接予以回绝。由于"优先选用市场中认可的中上档次的品牌"这一条款内容表述模糊不清，所谓"中上档次"对应的品牌也非常多，这就为双方分歧埋下了隐患。满足发包方的要求意味着承包方要承担巨额的损失，承包方始终坚持自己的立场，并与发包方在现场和办公室内就此事多次发生冲突，眼看双方互不让步导致项目逐渐被延期，发包方主动提出已安装材料的费用由其承担，其余未安装的材料由承包方负责清场更换，费用由承包方承担。为了项目的整体利益和后续工作与发包方搞好关系考虑，经过协商，承包方基本同意了发包方的提议。至此，由于合同对材料规定的模糊性而导致的冲突最终才得以结束。

关系作为影响冲突的另一变量，在冲突管理中同样发挥着重要作用。关系是衡量人际关系是否良好的直接体现，因此重视关系的建设对发承包双方，尤其是承包方而言至关重要。"关系"好了，顺畅了，办事也方便了，矛盾和冲突也少了；"关系"不好，办事磕磕碰碰，麻烦多了，隔阂多了，冲突自然随之而起。由此可见，关系建设的重要性。影响关系的要素主要有信任、承诺、沟通和合作等。这些要素是影响冲突最直接的变量，需要发包方和承包方重视。承包方要充分重视与发包方的关系建设，应将关系建设摆在与合同管理同样重要的位置。发承包方的关系建设主要有两个方面，一是工作关系，二是私人关系。工作关系的建设需要双方在工作中加强沟通和合作，对承诺的守信，通过这些可以加强彼此的信任感。私人关系的建设需要在工作场合以外进行，如果私人关系良好，更能获得彼此的信任，研究表明，通过私人关系的建设比通过工作关系建设更易获得彼此的信任。因此大多数承包方将大量的时间、金钱和精力都投入到私人关系的建设，以期获得更好的人际效果。另外，无论是相关研究，还是大量实践都表明关系之于合同，在处理冲突效果方面有独特的作用，有时前者的效率甚至好于后者。一旦双方出现分歧，可以发现如果双方关系良好，这些分歧也很快解决；相反，这些分歧很可能成为引发冲突的重要原因。

案例 3-15

某建设公司准备在公司院内修建一座钢结构停车棚，在修建过程中，一阵 7 级大风吹来，将作业部位直至整座钢结构停车棚的三分之一全部吹倒。经现场统计，吹倒部分全部报废，后建设公司与承包方互相协商事故的处理事宜，对于 7 级大风这样的意外事件，在合同中无法做出准确的预测，通过合同无法解决这样的事故。但在之前，双方曾有过多次合作，对彼此都比较信任，关系良好。后双方协商认定 7 级大风定性为客观意外事件，而承包方对施工现场已完工程的保护不力应承担部分损失责任，双方最后就损失各承担一半达成一致。由此可见，双方的分歧并没有引发冲突，反而通过良好的关系很好地解决了这起意外事故。

三、不同分类角度下的发承包冲突管理

我们将工程项目全寿命周期中可能面临的冲突按照形成原因的不同以及本质属性的不同划分为多个类别。按形成原因的不同，可以将冲突分为利益冲突、价值观冲突、认知冲突和目标冲突等几个类别。

由于发包方和承包方之间的利益冲突属于典型的你有我无型，要解决由利益引起的冲突，发包方可以采用宽容、妥协、让利、承诺等策略应对冲突。如果发包方独断，不仅不利于冲突的缓和，反而会激化矛盾，助推冲突升级。因此对由于利益引起的冲突应采取更为合适的手段进行管理。手段合理，事半功倍；如果冲突处理方式欠妥，冲突可能会朝着更加恶化的方向进行下去。

价值观不同引起的冲突一般主要由于双方教育背景和工作经历的差异引起的，难以消除。处理该类冲突比较简单的做法是更换双方搭档，选用气味大致相投的人员搭档工作，则可以基本消除由价值观的差异导致的冲突。此外，有些价值观冲突是由双方所处的不同位置引起的，比如发包方

最关心的是项目的质量，而承包方最关心的是能够从项目中获得多少利润，项目质量是第二位的。对项目价值认知的差异可以通过合同加以明确，价值观有差异难以避免，但合同作为管理的刚性手段，为避免日后引起的分歧和冲突奠定了坚实的基础。

发承包双方在认知方面的冲突也时有发生，信息不对称和认知解读差异都是导致冲突的重要原因。要化解由认知差异引起的冲突，最有效的方法就是沟通，确切地说是有效沟通，有效沟通不仅能消除认知差异，对增进双方感情以及信任感的作用都是积极的，沟通对化解冲突，在冲突管理中的重要作用是不容忽视的。

发包方和承包方之间的目标冲突在项目管理中同样是较常见的，他们的目标常常是矛盾的，表3-4列举了一般项目管理过程中发承包双方常见的目标差异引起的冲突。解决目标差异引起的冲突可以采用妥协、让步、补偿等方法进行。表3-6将表3-4不同类别冲突的管理办法进行了总结说明。

成因不同冲突的管理办法　　　　　　　　　　表3-6

冲突类别	利益冲突	价值观冲突	认知冲突	目标冲突
管理办法	宽容、妥协、让利、承诺	组织措施	沟通、信息披露	妥协、让步、补偿

除了按照形成原因的不同对冲突进行分类以外，还可以按照本质属性的不同对冲突进行分类。我们将发包方和承包方之间的冲突按照本质属性的不同分为资源类冲突、协调类冲突、组织类冲突和客观类冲突等四个类别。

由资源的稀缺或优劣引起的冲突一般不可调和，处理此类冲突的原则类同于利益冲突的处理办法，双方需要本着宽容、妥协和让利的原则管理冲突。

协调类冲突的起因可能是信息不对称、需求不对等、目标不一致等原因，解决此类冲突需要双方进行有效的沟通，通过妥协、补偿、统筹和个性化协调相结合的管理手段处理协调类冲突会起到良好效果，也是首选的管理手段。

组织类冲突涉及组织体系是否合理、高效，是否损害了一方利益，是否有利于调动积极性、是否有利于项目建设等问题。当然，处理组织类冲突还是要首选组织措施解决这类冲突，可以通过组织结构优化、合理的人事安排、完善管理流程的方式进行，充分考虑发承包双方的合理诉求，从而解决此类冲突。

客观类冲突属于由客观因素的存在引起的冲突，需要通过强制力，如更换工作人员、创造更为合适的工作环境、消除不利因素等来解决客观类冲突。不同属性类别冲突的管理方式参考表 3-7。

属性不同冲突的管理方式　　　　　　　　　表 3-7

属性类别	资源类冲突	协调类冲突	组织类冲突	客观类冲突
管理办法	宽容、妥协、让利	妥协、补偿、统筹、个性化	组织措施	强力

发包方和承包方作为工程项目的主体，他们之间发生的冲突占有主要地位。发承包双方之间的冲突繁杂，并不仅仅局限于文中所列的（1）~（17）项。要对这些冲突进行系统性的分类并给出管理方法的指导性意见具有较高的难度。本章从项目全寿命周期的角度，分析了发包方和承包方之间可能发生的冲突，给出了一些小小的建议，应如何对这些冲突进行管理，本章给出的内容具有较强的实用价值。广大发包方和施工方工程技术人员可以依据本章所提供的信息指导现实项目管理中面临的冲突管理问题，这也是作者写作本书的初衷。

承包方   发包方

第四章

监理方与承包方之间的冲突

监理方与承包方之间的关系在三方关系中一直占据着特殊的地位。一方面监理方受发包方的委托，凭借其在专业知识上的优势，在项目管理业务上对承包方进行监管，扮演的是半个业主的角色；另一方面，监理方与承包方之间没有合同关系，监理方在管理承包方的过程中，要求监理方有高度的职业精神和专业能力才能管好项目，维护的是发包方和项目的利益。监理方的加入使得发包方与承包方之间的关系不再是简单的一对一的关系，三方彼此依赖互相制约的关系经常上演"三国演义"。

第一节　监理及监理行为

　　我国传统的项目管理并没有监理一方，发包方集资金、技术与管理与一身，全面行使项目全过程管理。监理履行项目专业技术的监督管理最初起源于西方，它代表了项目建造管理方面的专家力量参与项目建设。监理一词相应的英文翻译为"supervision"，意为监督、监管之意。在我国，"监理"一词完全出于使用的需要而新造的专用名词，我们不妨将这个名词拆开理解其含义，"监"意为监督，监察；"理"为管理、处理的意思，合在一起就成了监督管理之意了。对"监理"的进一步理解，可以解释为以某项条例或准则为依据，对目标行为进行监视、督查、控制和评价。当然，这是由某一特定的机构或执行人实施的行为，使执行人更为准确、更完整、更合理地达到预期目标。

　　在工程建设领域，监理主要是指以法律、建筑法规、规范、图纸为准绳，对项目建设进行全过程监管，使项目绩效控制在预期的范围内。监理方是指专门从事该项工作的专业机构，它不仅具备了丰富的专业知识和项目监管实战经验，而且还肩负着宣传和普及专门知识的职责。该专业机构是由众多面向一线监督管理业务的专业人员组成，监理人员的加入，大大降低了对发包方专业知识的要求。纯知识业务方面的问题都由监理人员代为行使，发包方只要在宏观上对有合同关系的单位进行有效的管理即可。发包方从专业知识的剥离，可以使发包方有更多的精力参与管理协调事务，集中精力处理繁复的事务性工作；专门从事专业性工作的人员可以集中精力从事专业工作，更有利于个人专业的积累发展，也有利于行业的发展。基于以上几点考虑，监理方在工作中有以下几个特点：

　　（1）服务性。它不同于承包方直接参与生产活动，也不同于发包方的投资、协调活动，它不向发包单位承包工程，也不参与承包单位的利益分成，它获得的是技术服务报酬。工程建设服务的客体是发包单位的工程项目，服务对象是发包单位，这种服务性活动严格按照委托监理合同和其他有关工程建设合同来实施，受法律约束和保护。

（2）科学性。监理方的工作体现专业性，须通过建设行业的法律、法规、规范实现。科学性一方面表现为准确性，也就是对工程项目技术应用的判断、决策的准确性；另一方面表现为合理性，处理技术问题有理有据，说服力强。监理工作的科学性表现为其智力服务的价值。

（3）公平性。工程监理在工作时应以事实为依据，以法律和有关合同为准绳，在维护发包方和项目的利益时，不损害承包方的利益，这体现了公平性。

（4）独立性。监理方作为三方主体之一，与发包方、承包方之间的地位在法律上是平等的，监理工作应排除所有外界干扰，独立自主开展项目管理服务工作。特别是监理方与发包方普遍存在合同关系的大背景下，来自发包方的干扰在监理工作中较为常见，这时就要求监理方须秉承客观、真实、独立的风格开展工作，为项目和各方负责。

一、监理的工作原则和相关制度

1. 监理的主要工作

（1）建设行业的法律、法规、规范、图纸、监理合同等。其中法律、法规和规范属于通用性准则，通过国家层面制定的法律、法规和规范约束监理工作的范围，为监理工作提供最基本的依据；图纸和监理合同主要是针对具体的项目而言的，属于专用性准则。专用性准则只适用与被监理项目，是监理方处理特定项目的重要依据。

（2）项目监理实行的总监负责制。与承包方不同的是，工程项目监理实行的项目总监负责制，项目总监领导一个监理团队，监理团队由监理员、专业监理员、副总监等人员组成，他们在项目总监的统一领导下开展工作。项目总监作为监理团队的总负责人，负责团队人员管理，薪酬分配，业务统筹管理、对外协调等工作，其重要性在不言而喻。

（3）秉承"公开、独立、自主"的原则，在维护发包方和项目利益的前提下，以不损害承包方利益的原则开展监理工作。

（4）国家规定应强制监理的项目必须纳入监理范围。国家和地方的重点工程项目；大中型公共事业项目；成片开发的住宅小区工程；利用外国政府和国际组织的贷款、援助资金的项目；国家规定的其他需要监理的项目。以上项目都属于国家强制纳入监理范围的项目。

（5）应有严格的质量保证体系。凡是纳入监理的项目，都应实行"政府监督、社会监理和企业自检"的质量保证体系。质量保证体系包括两个层面，一是监理企业自身的质量保证体系，二是项目监理部的质量保证体系。前者规定了该企业最低的监理标准，而后者主要是总监针对本项目制定的质量保证体系，一般而言，后者的质保体系标准要高于前者。

2. 监理制度

在监理制度方面，主要分为国家和地方两个层面。国家建设部从国家层面规范和引导监理行业的健康有序发展，地方政府制定的监理规章制度服务于本地区的监理工作需要。监理制度从国外引入我国 30 年以来，从一个新生事物登上中国建设行业历史舞台开始直到现在已被公认为其已成为我国建设行业不可或缺的一部分，多年风雨的洗礼使监理行业逐渐走向成熟。我国建设监理制度的试点工作起始于 1988 年，1988 年 7 月 25 日，原建设部根据国务院赋予的新职责，经过认真研究、积极筹划，制定印发了《关于开展建设监理工作的通知》（以下简称《通知》），《通知》提出，要建立具有中国特色建设监理制度，以提高投资效益和建设水平，并于同年在上海召开了第二次监理工作会议，确定了试点城市。次年，原建设部颁发了《建设监理试行规定》，这是我国第一个国家层面制定的关于监理行业的法规文件。此后的 1993 年，第五次全国监理大会召开，标志着我国监理行业逐渐走向新的阶段。1996 年，我国大多数地方都有了地方性的工程监理规章，标志着地方性的监理制度逐渐走向完善和成熟。从 1992 年直到 2008 年，我国陆续出台了《工程监理单位资质管理试行办法》、《建设工程监理合同示范文本（征求意见稿）》、《建筑法》、《建设工程质量管理条例》、《工程监理企业资质管理规定》、《建设工程监理规范》、《房屋建设工程旁站监理管理办法（试行）》等多项监理制度，这些制度的推出不仅加速了监理行业在我国成熟的速度，也初步奠定了监理行业在我国规范合法运行的制度基础。

二、监理的职业道德和工作纪律

监理工作角色的特殊性决定了发包方与承包方都会与其发生利益关系，监理方若要秉持工作专业性和独立性，一些最基本的职业道德需要无条件遵守，这些原则也是监理开展工作时需要满足的最基本条件，如果这些职业守则无法坚守，监理就失去了它存在的意义。监理应恪守的基本职业道德和工作纪律包括：

（1）维护国家的荣誉和利益，按照"守法、诚信、公正、科学"的准则执业；

（2）执行有关工程建设领域内的有关法律、法规、规范和各种标准，履行监理合同规定的义务和职责；

（3）努力学习专业技术和监理知识，不断提高业务水平和监理水平；

（4）不以个人名义承揽监理业务；

（5）不同时在两个以上监理单位从事监理活动，不在政府、施工和材料设备供应单位兼职；

（6）不为所监理项目指定承建商、建筑构配件、设备、材料和施工方法；

（7）不收受被监理单位任何礼金；

（8）不泄露所监理工程各方认为需要保密的事项；

（9）需要独立自主开展工作；

（10）不能以权谋私，更不能行贿受贿；

（11）要客观公正，不能借工作之名损害项目参与方和项目的利益；

（12）不得损害他人名义；

（13）认真履行监理合同中的权利和义务。

三、监理的发展现状和存在的问题

在我国，监理方主要在项目的施工阶段介入工作，目的在于保证施工安全、质量、投资和工期均满足业主的要求。改革开放后，监理行业应运而生，不断发展壮大，现已成为建设事业中的一支重要力量，为提高工程建设质量和投资效率发挥了巨大作用。工程监理是市场经济的产物，是智力密集型社会化、专业化的技术服务。自 20 世纪 80 年代引入我国以来，监理行业从无到有，得到快速发展。目前，几乎所有大中型项目都实行了监理制度。我国目前正处于工业化中期加速阶段，各行业的监理需求很大，且随着我国经济体制改革深化和投资主体的多元化，监理行业发展出现了一些新的趋势。一是管理难度加大，投资主体多元后，传统的三方结构逐渐被更加多元结构所替代，管理与被管理关系变得更为复杂，这为监理工作提出了新的挑战；二是工程项目本身变得更加复杂，监理难度加大。监理作为监管手段，其监管内容本身落后于技术发展前沿，新的工程技术、材料层出不穷，监理空白越来越多，经常出现现场监理员监管无法可依的局面，监理难度大大增加。我国发展监理事业短短 30 年时间，相较于西方发达国家，还处于早期阶段，但市场潜力大，前景广阔。

中国产业调研网发布的 2016 年中国工程监理市场调研与发展前景预测报告显示，2014 年，全国共有 7279 个监理企业参与了调查统计，综合资质企业 116 个，甲级资质企业 3058 个，乙级资质企业 2744 个，丙级资质企业 1334 个，事务所资质企业 27 个。2014 年末，工程监理企业从业人员 941909 人，与 2013 年相比增长 5.76%。其中，正式聘用人员 741354，占年末从业人员总数的 78.71%；临时聘用人员 200555 人，占年末从业人员总数的 21.29%。报告显示，2014 年，工程监理企业承揽合同额 2435.24 亿元，与 2013 年相比，增长 0.5%。其中，工程监理合同额 1279.23 亿元，与 2013 年相比增长 4.09%；工程项目管理与咨询服务、勘察设计、工程招标代理、工程造价咨询及其他业务合同额为 1156.01 亿元，与 2013 年相比减少 3.18%。2014 年，工程监理企业全年营业收入 2221.08 亿元，与 2013 年相比增长 8.56%。其中工程监理收入 963.6 亿元，与 2013 年相比增长 8.77%；

工程勘察设计、工程项目管理与咨询、工程招标代理、工程造价咨询及其他业务收入 1257.5 亿元，与 2013 年相比增长 8.39%。工程监理收入占总营业收入的 43.4%，其中 9 个企业工程监理收入突破 3 亿元，32 个企业收入突破 2 亿元，131 个企业工程监理收入超过 1 亿元，工程监理收入过亿的企业个数与 2013 年相比增长了 12.93%。

工程监理行业现有的竞争者数量众多，业务竞标竞争激烈，潜在的入侵者威胁较大，卖方的讨价还价能力较强。除了监理行业外，还存在与其业务功能相仿的企业，那就是工程项目管理与咨询类企业，但这类企业还处于发展初期，国家对其定位和认可还处于观察阶段，但从长远来看，工程管理企业替代监理企业的可能性较强。这些表明工程监理市场处在一个竞争异常激烈的环境，每一方力量都不可小视。机遇和压力同在，如果能把握好所处的内外部环境，看清形势，制定出切实可行的发展战略，就有可能把握市场的主动权，在竞争中占据有利位置。

时至今日，工程监理行业所存在的问题比想象的要严重得多。企业过度竞争造成了不良竞争甚至是恶性竞争，同时也造成了市场的混乱局面。地方保护、部门分割的现象还没有得到根本性解决，在一些地方甚至愈演愈烈。从招投标程序上看，不公平竞争经常出现的人情标、关系标大量存在，阻挡了优秀的监理企业进入各地建筑市场。从业务承揽角度而言，挂证、转包监理业务时有发生。除此之外，从业人员整体素质不高严重影响了监理行业的声誉和可持续发展，工作人员的综合业务能力低下，技能和专业领域单一。部分监理工作人员动机不纯，"吃、拿、卡、要"，严重损害了监理队伍的形象。最严重的是，我国监理工程师的核心地位并没有得到充分体现，在国外，监理工程师代表着专业和权威，享有崇高的地位，反观在我国，监理工程师异化为发包方的质检员，这与国际上监理工程师的全面、智能的咨询服务极不相称，急需改变这一现状。

第二节　监理方与承包方的关系

　　监理方与承包方的关系既不同于发包方与监理方之间的委托关系，也不同于发包方与承包方之间的承揽关系，他们的关系大致可以描述为业务上的监督与被监督关系。双方既没有直接的经济利益方面的往来，也没有直接的合同管理关系，他们的合作关系都基于最重要的一方，那就是发包方。正是有了发包方，两者才建立了工作关系，换句话说，如果发包方不存在，他们之间的合同关系也将终止。这种建立在第三方的特殊工作关系，使得监理方与承包方之间的工作关系变得复杂。在我国，发包方在项目管理中占据着绝对强势地位，监理在发挥项目监督作用时，存在感日趋模糊，管理承包方时无力感很强。

一、双方关系的建立

　　由于双方没有直接的合同关系，他们之间的工作关系完全取决于发包方。发包方分别和监理方、承包方签订合同后，双方的工作关系随之建立，他们本身没有选择对方作为合作伙伴的权力。监理方合作伙伴的随机性决定了合作伙伴的多样性、素质参差不齐这样的特点，这就加大了他们的工作难度。他们的工作关系起始于与发包方签订合同起，终止于项目结束。合作中只要有一方与发包方解除合同关系，双方的合作关系将随之终止，监理方与承包方之间的被动型特征在工程项目中显得较为脆弱，脆弱的关系加上并不成熟的建设环境，监理方在维护和管理承包方之间的关系时常常处于较为尴尬的地位。总之，监理方与承包方之间的关系特点可以归纳为以下几个方面：

　　（1）间接性；（2）被动性；（3）脆弱性；（4）临时性；（5）松散性。

二、双方关系的特点及异化

监理的本质是项目管理，在我国，原本监理方行使的职能由发包方代替，而现在，发包方主要是宏观管理，将具体的项目专业业务管理委托给监理方行使，监理方作为专业的咨询服务机构应充当专家的角色对项目业务进行监督把关。从中可以看出，发包方可以不是专业人士，只要能提供资金、组织协调资源，能为监理方和承包方提供一个舞台即可，这是发包方的主要职责；监理方则必须是所监理项目的业内权威，为合同的项目管理目标负责，这是他们受发包方委托，应该从事的本职工作；承包方须在监理方的管理和指导下从事施工管理工作，在合同上须对发包方负责。

国际上，监理方具有绝对的权威和权力，对项目管理有一票否决权，受到各方干扰较少；反观我国监理方开展工作存在的问题不少，需要整个行业引起重视，具体表现为：

（1）独立工作空间不够。各种业务联系单、签证单的签字流程将监理方签字栏置于承包方之后，发包方之前，显然监理方成了发包方管理的对象，项目事务最终决定权在发包方，监理方的意见只能作为发包方参考，这样的管理体制使监理的工作可信度和独立性大打折扣，监理方的专业性劳动成果得不到应有的尊重。

案例 4-1

某河道清淤项目发包方邀请了一家水利专业的监理企业参与项目施工的建立工作，监理企业派出了强大的监理队伍参与项目监理工作。承包方在清淤过程中，在河道的某一位置处，发现一艘古沉船，发包方及时通知相关文物主管部门，文物主管部门派出工作人员对古沉船进行了为期 2 个月的抢救性发掘，打捞各种陶器、瓷器珍贵文物上千余件。由于事出突然，承包方在文物发掘期间无法施工，打捞船、运输车等各种清淤机械设备无奈只能在打捞现场闲置 2 个月，施工人员同样窝工 2 个月。承包方将这些机械设备闲置、人员窝工造成的损失向发包方索赔，并填写了索赔联系单，监理审核后人为，机械设备闲置、人员窝工情况属实，考虑到机械设备属于自有设备，机械闲置费须按机械台班费计算；人员窝工费按人工费按实计算。索赔联系单流转到发包方处后，发包方则不同意承包方和监理方的意见，认为意外发现的古沉船应属于不可抗力意外事件，应按照不可抗力事件处理。承包方机械和人员窝工损失不予索赔，但同意工期予以顺延。监理方认为发包方的解释过于牵强，迫于发包方的强势地位，监理方表面认同了发包方的处理办法，但从监理内心角度讲，监理并不认同发包方的做法。

在实际工作中，这种发包方不尊重监理意见的情况较为常见，发包方处于强势的管理地位造成监理方发声难以响应，甚至发声困难的情形使监理方本应有的地位出现异化，为了监理行业的发展向世界接轨，国内建设行业应充分重视该问题的严重性。

（2）监理管理权弱化。监理的本职工作是监理管理承包方的施工建设工作，但监理的监督管理工作并不容易落到实处。虽然监理的监督管理权是发包方赋予的，但毕竟与承包方没有合同关系，没有合同上的管理和被管理的关系，这就为监督难问题埋下了隐患。承包方有时常常自行施工，遇到需要监理监督的地方不及时通知监理到场确认，特别是被隐蔽后的部位，监理要求剥离的难度更大。有时监理方受制于多方面因素，睁一只眼闭一只眼，承包方顺利蒙混过关。如果遇到较为强势的监理方，承包方会出现对监理指令不予理会,甚至是冷对峙的局面。碍于发包方对工期的压力，监理方甚至会率先妥协，降低监管的标准和要求，监理监管的力度和效果会大打折扣。

案例 4-2

某五星级酒店装修项目采取了高等级的装修标准,邀请了装饰专业的监理到现场监理装饰施工。在施工过程中,监理方和承包方合作的并不愉快,双方经常向发包方反映对方的种种问题,甚至闹到要求发包方更换合作伙伴的程度，发包方多次到施工现场协调双方矛盾。在发包方的劝导和协调下，为了项目考虑，双方勉强同意继续合作。由于监理对承包方没有最终管理权（中国特色），承包方对监理指令爱理不理，敷衍了事，时间长了，监理方抱着多一事不如少一事的态度对工作开始敷衍塞责，到现场巡视的次数少了，对施工情况过问也少了。到了需要监理监督的关键部位，承包方不主动告知监理方到现场确认，监理方对关键部位的情况也是一知半解。在填写报告时，也只是描述了大致的情况，对现场监督的情况基本处于半放任的状态。监理管理弱化的后果相当严重，损害的不仅是项目、发包方的利益，更是为自己招来麻烦埋下了伏笔。近年推行的项目挂牌制度意味着监理需要对项目质量终身负责，监理管理弱化的问题需引起业界的重视。

（3）监理职业道德滑坡。现阶段，我国监理行业存在的一个较为严重的问题是监理人员素质有待加强。人员素质参差不齐饱受业内诟病，造成这一现象一方面是因为我国监理行业相对于西欧发达国家起步较晚，人才层次低，人才厚度不够。另一方面人才质量不高、建设行业强业主的弊病始终困扰着监理行业的成长发育。亟需加强监理队伍建设。一些监理人员无视自己的职业道德在工地现场"吃、拿、卡、要"，严重影响了监理行业的声誉；一些监理人员技术水平不高，处理复杂技术问题的能力不够，无法给出各方都满意的结果；还有一些监理人员处在发包方和承包方之间，工作消极怠工，不作为、乱作为时有发生；更严重的是监理方为了蝇头小利与承包方合谋，损害了业主和项目的利益。凡此种种，让人质疑监理存在的必要性。

案例 4-3

某市政工程需要采购大量雨水管和污水管，发包方在采购合同中约定由承包方代为采购，并在合同中规定了雨水管和污水管的品牌和型号，并委托监理方对承包方采购的进场材料进行检验。承包方依据合同规定采购了大量劣质的雨水管和污水管，这些劣质的雨水管和污水管的外观与合格品一模一样，需要送检后才能辨别出这些劣质产品是否合格。监理方按照规定对现场的雨水管污水管进行取样，并送达专业检测机构，很快，检测报告显示，雨水管和污水管的径向和轴向抗拉强度均不符合使用标准，被判定为不合格。承包方自知样品无法通过检测，于是，项目经理通过行贿的方式收买了总监，要求总监更改检测结果，承诺将会支付总监三成差额利润，并保证绝对不会将秘密泄露给第三人，总监觉得自己是通过压低标价的方式取得项目的监理权，本身没有多少利润，正好承包方将好处送上门，爽快地答应了项目经理的请求。双方在协议书上签了字。

承包方将这些不合格的雨水管和污水管埋到地下施工后，发包方组织相关单位到现场进行竣工验收，质监站工作人员提出要随机抽取部分路段的雨水管和污水管进行试水试验，如果试水试验无法通过，则不予验收。承包方无奈只好根据质监站工作人员随机选取的路段在两个窨井之间灌水加压，压力到达规定标准一半时，压力始终上不去，同时，在试水路段中间路肩处发现大量的渗水现象。现场验收人员一致认为该处渗水，主要原因是该处雨水管破损，直接导致压力上不去。最终得出结论，雨水管强度不够导致试水试验失败。发包方迅速提出要求承包方打开已埋入的雨水管和污水管，重新取样，送检测机构进行送检，由发包单位派出专人全程监督，最后，检测结果出来后显示为不合格。发包单位明令要求彻查此事，上级主管部门和监察机关迅速介入，监理方和承包方的合谋行为很快败露，发包方旋即要求承包方返工，更换全部已埋入地下的雨水管和污水管，一切损失由承包方自行负责，迅速与监理方解约，对总监的不良行为进行曝光。承包方迅速响应，立即对项目经理解聘，并承诺会在发包方规定的期限内完成整改工作。

三、辩证看待双方关系

与其说监理方和发包方之间的关系是管理与被管理的关系，不如将双方的关系定位为合作关系和服务关系更为恰当。现代社会强调合作，承包和监理作为项目建设的两个不可或缺因素，只有双方联合起来工作才能管好项目，很明显，可以将双方的关系定位为合作关系或者伙伴关系。合作关系讲究的是互相配合，任何一方的消极应付都会影响项目的产出和绩效，从这个角度看，双方不仅要互相配合，更要高效配合，这样配合才能产生良好效果。合作关系强调的是互惠互利，彼此依赖的关系决定了双方在合作中只有求同存异，在以大局为重的前提下，适时妥协才能做到双方共赢。

除了双方具备合作关系的特征外，将监理监督管理的功能看作是对承包方的服务更加符合现代社会潮流。在建设服务型国家的大背景下，监理行业同样需要转变观念，将传统的监督管理职能向着服务项目建设、服务发包方、服务承包方的方向转变。这不仅强调了承包方作为项目建设的主力军和主体作用，更体现了监理方作为专业服务的出售方在三方关系中所应真正担当的角色。监理方合作和服务的理念应全程贯穿于项目建设的始终，为项目建设和各方顺利开展工作履行自己应尽的义务。

第三节　双方冲突来源及分类

在项目的全寿命周期内，监理方和承包方作为工作伙伴共同参与工作主要在项目的施工阶段。通常情况下，在项目前期阶段和运营阶段均没有监理方参与工作，监承双方发生冲突的时间段主要集中在施工阶段，这是由该阶段的工作任务决定的。在项目施工阶段，承包方不仅要面临发包方的直接管理，在业务上还要受监理方的监管。对承包方的管理，虽然在分工上有所不同，但在实际工作中，承包方面临着多个"婆婆"，却是不争的事实。第三章我们重点详解了发包方和承包方的冲突及其解决策略，监理方与承包方之间的冲突并不少见，而且还呈现出与前者截然不同的特点，本节我们将重点分析监理方与承包方之间可能存在的冲突，并为双方提供一些应如何处理这些冲突的建议。

虽然监理方和承包方没有直接的合同关系，但与发包方之间却存在委托合同关系。监理方的权利和义务范围一般都会在委托合同中予以明确，发包方根据与承包方签订的承包合同规定承包方的权利和义务，一般监理方规定的权利和义务和承包方的权利和义务存在一一对应的关系，这样的关系一定程度上反映了双方的依赖关系。在项目施工阶段，监理方和承包方之间的冲突焦点包括但不限于项目质量、进度、成本、安全和文明施工等几个方面，这也是监理合同需要重点关注的内容。

一、项目质量冲突

监理方与承包方之间发生的关于项目质量冲突包括两个方面，一是建筑材料质量；二是施工质量。这两个方面是监理方作为项目质量主体责任单位应重点监管的内容。对在施工合同明确约定品牌和型号的建筑材料一般在施工中并不会有较大分歧;（1）施工合同对一些材料没有约定或者约定并不明确，对这样的材料，除了需要满足国家和地方规范的强制性规定外，没有其他特殊额外要求或要求较为含糊，比如"较高、较大、较好、较先进、市场中等以上"等。监理方和承包方就选用何种材料产生分歧，进而产生冲突。还有一种情况属于监理方监管难引起的冲突，表现为监督管理（2）不及时、不同步，（3）存在监管盲区等。

在施工质量方面也存在类似问题，虽然施工合同对项目整体质量有一个整体的要求，但对不同的分部分项工程质量可能有不同的要求，而且有些要求的提法较为笼统，这就为监理方对承包方的施工质量提出了挑战。（4）双方对同一标准的不同理解是产生冲突的主要根源。随着社会科技的飞速发展，建筑材料领域的技术层出不穷，新材料的大量应用需要新的施工技术作为支撑，而传统的施工规范缺乏相应的标准和规范，这就加大了监理的难度。简而言之，就是施工规范无法适应社会的快速发展，（5）施工规范的更新永远滞后于行业的发展是双方产生冲突的客观原因。此外，（6）对施工质量的监督存在不及时，不同步现象，在一些项目这种现象甚至较为普遍。其他可能存在的冲突。

案例 4-4

某市需要在该市的主干街道安装一批路灯，以迎接即将到来的该市一年一度的招商引资洽谈会。发包方与承包方签订的承揽合同约定路灯由承包方负责采购，合同没有指定路灯的品牌与型号，只是含糊地表示"在满足城市建设基本需要的同时，优先采购国内外知名品牌"。承包方在多次采购"知名品牌"路灯样品时，均被监理以不符合招标文件为由拒绝签字。被监理方多次拒绝后，惹怒了承包方，要求监理给出说法这些样品哪里不符合招标文件的要求。监理只是淡淡的回复了承包方的疑问，说他们只是接到了发包方的指示，要严控路灯采购质量，杜绝假、次路灯进入该市。见到监理方给出如此官方的说法，承包方企业负责人和项目经理顿时火冒三丈，直接发函给发包方和监理方，要求他们给出明确的要求，必要时，应为此事召开澄清会，以提高各方的工作效率。监理方会同发包方协商后，决定报请当地主管部门，共同商定路灯的质量要求，划定采购范围以供承包方参考。

案例4-5

某大型办公楼的发包方邀请了本市的一家专业的幕墙公司安装该楼的幕墙工程，监理方为本市的一家普通的监理公司。该幕墙的安装技术较为特殊，是幕墙行业新研发推广的技术。项目启动了一段时间后，就爆出监理公司与幕墙安装公司因为安装技术产生分歧而引发冲突，双方互不相让，争议的焦点在于安装技术监理的重点项目和一般项目的确定问题，由于是新技术，缺乏相应的规范作为参考，故双方在这个问题上各执一词，很难达成一致。后来，在发包方的牵头下，咨询了业内的权威机构才解决这个问题，双方对这个结果也没有提出疑义，这个问题引起的冲突才得以平息。

案例4-6

某旧城改造项目需要对该县老城区的127幢房屋进行整体翻新，发包方通过公开招标的方式邀请了一家施工企业和一家监理公司负责该项目。老城区的情况复杂，房屋建筑大都修建于20世纪80年代，房屋老旧，很多房屋都处于报废边缘，修缮难度大。虽然有设计图纸，但现场房屋的情况还是令承包方始料未及，一方面房屋的老化程度比在考察阶段要严重得多，另一方面，翻修的质量标准无法确定。项目展开后，监理方就最后的翻修质量评定问题几次与承包方发生矛盾，监理方认为翻修质量应取国家规定范围的上限标准，这样既可以延长房屋的使用寿命，而且对提高承包企业的声誉也有较大的帮助。承包方则提出了不同看法，认为自己的施工合同价格有限，难以支持监理方的高标准要求，只要满足合同最低标准既可。虽然合同对翻修的质量标准有合格的要求，但缺乏具体的标准，双方都有自己关于"合格"标准的理解。在合作中双方发生冲突也就不奇怪了。

二、项目进度冲突

监理不仅要监督项目的质量，对项目的施工进度同样是他们监管的内容。一般项目的进度以工期作为主要约束参数，监理方以发包方要求的工期为前提，在现场对承包方的施工进度进行控制。项目的施工进度一般可以分为多个层次，工期、年进度计划、季进度计划、月进度计划、旬进度计划、周进度计划等都是常用的进度计划表示方法。实际的项目管理工作过程中，采用何种进度表示方法通常依据项目的情况以及当前的进度状态共同决定。监理方与承包方关于进度问题常常发生不和谐的状况，常见的冲突来源主要有:(7)施工进度拖沓，监理无力。由于各种客观和主观原因，承包方在一定时期内，项目实际进度长期落后于计划进度，监理反复督促，效果都不明显，迫于发包方压力，监理方和承包方常常会就进度问题发生冲突;(8)监理方工作效率不高影响了项目进度。有些监理公司专业性不强，人手配备不够，监理日常工作影响了项目进度，承包方遇到这种情况无可奈何，只好向总监或监理公司负责人交涉，双方容易引起冲突;(9)监理方和承包方搭档工作不和谐。同发包方与承包方配合工作不和谐类似，监承双方一起工作，彼此都没有选择对方的权利，随机组合出现工作配合上的不和谐有较高的概率。这种情况造成的工期延误都将责任归结为对方，双方内耗严重，容易引起冲突。其他可能存在的冲突。

案例 4-7

某大型商业广场项目发包方要求工期为 18 个月，对该项目的承包企业来说，项目的合同价格和建筑面积在企业当年所承接的所有项目中只能算一般项目。起初，承包方管理者对该项目并没有引起太多的重视，无论是物资调配、人员安排，还是资金划拨等都没有充分予以重视。这样的结果

造成前6个月项目的实际进度大大落后于计划进度，监理方非常着急，几次下发监理通知单，催促项目经理及早采取措施加快项目的施工进度，项目经理很快回复称，上级对该项目只是做一般项目对待，并没有引起充分重视，他也无能为力。双方几次协调失败后，监理最后对施工项目部下了最后通牒称，如果承包方再不采取有效措施改善工地状态，会将这一严重问题报请发包方予以协调解决。随后一段时间，项目施工进度还是没有多大起色，发包方果断发函给承包企业称，如果承包方管理者对该项目目前存在的问题依旧无动于衷的话，将会依据合同有关的条款对承包方予以处罚。承包方高层迅速做出反应，称将会严格依据施工合同加大对该项目的投入，在规定的工期内完成项目施工工作。不久，施工现场的情况出现了较大改变，每天进场人员多了，进出工地的车辆络绎不绝，每月的工程进度款签发量都逐渐提高，施工现场进入了良性循环。

三、项目成本冲突

项目成本是监理方和承包方发生冲突的主要焦点。一方面监理方希望承包方能多投入成本，提高项目质量；相反，承包方则希望在保证最低质量要求的前提下，节约建造成本，以赢得更多利润。事实上，监理方受发包方的委托，全权处理项目监管事宜。监理方代表的是发包方的利益，但并不完全代表自身利益，监理身份的特殊性决定了其与承包方之间的关系不同于发包方与承包方之间的关系。监理方在管理承包时，存在两种情况：一是对承包方严格监管，完全体现发包方的意志；二是不严格监管，甚至沆瀣一气。前者双方容易产生冲突，后者因双方达成利益同盟，冲突也就不容易存在。在本节中，我们阐述监理方与承包方因项目成本问题产生的冲突主要是指第一种情况。

双方发生的关于项目成本冲突最直接体现的是各类工程款的签发过程引发的矛盾。监理对各类工程款的签发拥有审批权，在审核每一笔工程款时，需要做几个方面的考虑，（10）一是该笔费用是否发生，承包方虚报工程量，滥竽充数的现象偶有发生，监理有责任将承包方未施工的工程量核减，维护发包方的利益；（11）二是费用是否由发包方承担，有些发生的工程量并不在清单序列中，此时，需要根据具体情况分析已发生工程量费用由哪一方承担，如果由发包方承担，则应计入支付款清单；相反，费用应由承包方承担，工程量应从支付清单中剔除；（12）三是费用核算是否准确。承包方申报的费用应是已核算的费用结果，正常情况下，承包方的核算遵循的大口径核算方法，通俗地说，承包方申报的费用可能会较大，有时甚至含有较大水分。监理方作为第一个把关人，有责任将承包方的申报款项瘦身。以上三项在特定条件下，均可能引发冲突。（13）其他监理方认为应增加费用或者承包方应节约的费用，对方有不同意见的情形，这也是引发矛盾冲突的根源。其他可能存在的冲突。

案例 4-8

某市一处公园的绿化工程由外地的一家园林绿化公司（简称甲公司）承建，监理方为本市的一家监理企业（简称乙公司）。项目一直进行到扫尾阶段发生了一起事故，在已完工草皮下面一处的燃气管道突然发生爆裂，燃烧的管道迅速烧坏了断口周边的大片草皮、树木和花卉，甲公司现场巡视人员立即启动应急机制，迅速扑灭了现场的明火，并消除了火灾隐患。经统计，此次火灾造成的直接损失和间接损失约合40万元人民币。为迎接该市国家花园城市评选活动，甲公司很自觉地迅速恢复了原貌，在申报最后一笔进度款时，甲公司将这笔修复费用40万元编入已完成工程量清单中，等待监理批复。乙公司接到申报清单后，经过慎重考虑认为燃气管道燃爆属于意外事件，一方面在施工合同中找不到相关内容，另外一方面这次事件与发包方没有构成直接的因果关系，发包方不应承担此次事故造成的损失，甲公司申报的这部分费用不予认可，驳回甲公司的请求。甲公司接到乙公司的回复后，强势地表示他们承认此次事故与发包方没有直接关系，但同样也不是甲公司的责任，费用不应由甲公司单独承担，双方你来我往，谁也说服不了谁。冲突发生许久，发包方高层和承包方高层为解决40万元费用问题，达成一致意见：此次事故造成的损失由双方各承担一半，即甲公司申报的 40 万元修复费用，发包方只同意签发 20 万元，该项费用在项目结算时单列；甲公司对烧毁的工程量负有部分责任。该起冲突表面上反映的是承包方与监理方之间的争端，背后的实质是发包方与承包方之间利益争夺的激烈博弈。

四、安全文明监管冲突

众所周知，建筑行业已成为高风险行业，人员伤亡屡见不鲜。为了保障现场施工人员的人身安全，建设部在 2005 年第 89 号文件印发了《建筑工程安全防护、文明施工措施费用及使用管理规定》，对建设领域单列安全文明措施费的背景、措施费的安排细则和意义多个方面进行了阐述，建立了完整的安全文明措施费用内容的基本框架，为全国建设行业安全文明措施费用问题提供了全面的可行的操作细则。但法规是法规，对于某一特定项目而言，安全文明措施费是否落到实处则是问题的关键。有些项目虽然拿到了发包方拨付的安全文明措施费，但为了节约成本以赢得更多利润，承包方并没有按照规定将这笔费用完全用在项目上，（14）安全文明措施费使用打折现象在全国一定程度上存在，这为安全事故的发生埋下了较大隐患。另一方面，已落实的费用，施工一线工人并没有完全按照安全规范操作，简言之，就是执行不到位。（15）安全文明措施执行不到位严重影响安全文明费用的投入效果，这些都需要监理方进行监管。承包方对安全文明措施费的打折行为成了监承双方在安全文明措施领域内发生冲突的主要焦点。其他可能存在的冲突。

案例 4-9

某新建居民小区施工合同中标价中包含安全文明措施费 200 万元，清单单列的 200 万元主要用于文明施工与环境保护、现场围挡、五牌一图、企业标志、场容场貌、材料堆放、现场防火、垃圾清运、宣传栏和不扰民措施、临时设施、现场施工用电、安全施工防护、四口五边防护、高空作

业防护、基坑卸料平台防护、垂直运输防护、应急救援设施和其他非正常施工项目的处置等。但在项目的工程量清单中，安全文明措施费是根据国家规定的费率标准进行取费的，没有涉及针对该项目应投入的具体措施费及明细。承包方为了节约成本考虑，放弃了本应该投入的部分项目，包括现场防火、应急救援设施；简化了部分措施项目，包括五排一图、五口五边防护、高空作业防护、基坑卸料平台防护、垂直运输防护；部分措施项目设置不到位，包括现场围挡施工质量不高、场容场貌有进一步的改进空间、临时设施过于简陋等。

针对以上暴露出来的问题，监理方陆续下发了多次整改通知单，施工方回复称根据该项目的实际情况，目前针对安全文明措施费用投入已足够，基本能够保证项目安全文明有序地建设。双方就此事针锋相对，监理方提出如果施工方执意拒绝执行监理方的提议，在进度款审核时，将会扣除没有投入到施工现场的部分安全文明施工费。施工方立即就此事进行反驳，认为清单并没有列明安全文明措施费的清单，措施费的使用只要能保障项目建设即可，施工方可以适度灵活把握。双方各执一词，自说自理，冲突不断。

五、监理方和承包方冲突的分类

监理方和承包方之间发生的冲突是基于监理方充分代表发包方利益，严格监管承包方的前提下发生的，不包括监理方和承包方可能发生的合谋行为。本节主要阐述了监理方和承包方在项目管理过程中最为关心的内容：项目质量、进度、成本和安全文明施工五个方面，以及基于以上五个方面所发生的冲突。类同于第三章中发包方与承包方之间的冲突分类办法，本节将对前述各类冲突按照相同的标准进行分类，以便对这些冲突进行分类管理。按照第三章的分类标准，可以将各类冲突按照成因不同、本质属性不同进行分类。分类结果见表4-1、表4-2。本章分类与上一章类似，部分冲突事件也存在分类结果有重叠现象。

形成原因标准下的监理承包冲突分类　　　　表 4-1

	质量	进度	成本	安全文明
利益冲突			（10）（11）（12）（13）	（14）
价值观冲突		（9）		
认知冲突	（1）（2）（3）（4）（5）（6）			（15）
目标冲突		（7）（8）		（15）（14）

不同属性标准下的监理承包冲突分类　　　　表 4-2

	质量	进度	成本	安全文明
资源类			（10）（11）（12）（13）	（14）
协调类	（1）（2）（3）（4）（6）	（7）（8）		（15）
组织类		（8）（9）		
客观类	（5）			

　　表 4-1、表 4-2 和表 3-4、表 3-5 类似，有部分冲突在一个分类标准中存在多个分类结果的情况，这主要基于该冲突事项大致与这些分类标准均有一定的关系。以上分类结果可以为监理方和承包方的冲突管理提供一些新的参考。

第四节　双方冲突的管理

由发包方、监理方和承包方组成的项目管理团队中，监理方与承包方分别与发包方签订有委托合同和承揽合同，在这两类合同中，发包方均处于强势地位，属于管理方；而监理方和承包方属于相对弱势地位，属于被管理方。从合同关系，我们大致可以看出，发包方在三方关系中处于领导地位，而监理方和承包方则属于合作关系。基于这样的三方关系，监理方与承包方之间如果发生冲突，常常发生这样的"三国演义"：监理方与承包方先自行处理冲突，在双方已有条件的框架内协调冲突，这种双方主动介入冲突过程，称为冲突自我管理；如果当事方无法解决冲突，发包方作为双方直接的领导，应主动、及时介入，从更高的位置协调管理冲突往往事半功倍，能取得更加令人满意的效果。以冲突当事人之外的力量为主的冲突管理模式，称为冲突他人管理。本节基于监理方和承包方在三方关系中的特点，我们将重点阐述如何管理监理方和承包方之间的冲突，从冲突自行管理和他人管理两个角度谈一谈应如何管理好双方可能存在的矛盾。

一、监理承包冲突的自我管理

监理方和承包方作为冲突的当事人，应发挥自身的主动性，积极处理与自己有关的冲突。整合、宽容、折中、独断和回避是双方应对冲突的常见做法，其中，整合、宽容和折中有助于冲突的缓解和解决；独断和回避却无助于矛盾的解决，甚至会助推冲突升级。监理方和承包方本着解决问题的态度应优选整合、宽容和折中的方式应对冲突。双方如果能够自行化解冲突，会大大降低冲突管理成本。冲突自我管理的方式与第三章中发承包冲突的管理类似，大体也可以从冲突的持续演化角度、冲突的核心要素以及冲突的不同的分类角度三个途径去管理冲突。需要强调的是，与发承包冲突管理相比，监理方与承包方之间不存在书面合同关系，也就不存在所谓的由合同要素引发的冲突。

案例 4-10

某地地下下沉广场项目按照施工进度计划需要工人 800 人，而实际进场施工只有 300 余人，远未达到计划要求。监理方就人数不足问题多次下发监理通知单，要求承包方尽快组织相关人员进场施工，否则会下发停工通知单。项目经理回复称，该公司今年新开工项目不少，完全打乱了去年年底对今年的工作安排，人手安排较紧，希望监理方能够谅解，并承诺将会在 3 个月后加大人力投入，加快施工进度。三个月后，承包方的承诺没有兑现，实际进场人数比计划只有少量增加，监理见状，立即签发了停工通知单，要求承包方拿出整改方案，否则不予开工，不予签发前两个月进度款。承包方立即对此不满，表示"不予签发前两个月进度款"与目前人员安排困难没有直接关系，监理方如果不予签发工程进度款将会直接影响到人员招募和调配，形成恶性循环，对项目施工造成更加恶劣的影响，要求监理方及时签发进度款，否则后果自负。双方你来我往，一直处于对峙僵持状态，监理方见情形不妙，冲突对峙已开始对项目造成无法逆转的恶劣影响，经过监理团队商量，决定取消"不予签发前两个月进度款"的决定，同时警告承包方拿到进度款后，资金不准挪作他用，要求承包方立即增加人员到现场施工，总监亲自到现场督促，清点人数。项目经理见监理方开始让步，为了项目大局和自身的利益考虑，花费大成本迅速调集大量建筑工人到该项目抢工期。项目经理的努力出现了明显的成效，当月进场的工人数比计划多出了约 30%，工程进度明显加快。

案例 4-11

某大桥处于最后的合龙阶段,合龙前,项目召开了合龙技术交底会,由于大桥采用了最新的合龙技术,监理规范还没有成熟的监理条例可以参考,监理方迟迟未拿出成熟的监理方案。眼看着合龙工期节点即将到来,监理依旧没有动作,承包方毫不犹豫,立马启动了合龙安装施工。桥梁合龙过程中,总监自行制定了监理方案,但方案却遭到了项目总工的否决,总工认为监理方案并不能反映合龙施工的主要技术要点,存在明显的缺陷;总监则认为新技术的监理方案存在空白,目前没有较为成熟的监理方案可以参考,承包方在大桥合龙施工方面技术能力强,人员素质高,可以请承包方草拟一个大致可行的监理方案供监理方参考,但这个提议立即遭到了承包方的否决,承包方认为他们不能既当运动员,又当裁判员。监理方技术能力较弱的缺陷连同一些其他原因使得他们与承包方之间的冲突无法在短期内得到解决。两周过去了,合龙安装施工依旧没有完成,发包方给出了最后通牒,要求双方紧密配合工作,尽快拿出监理方案,一旦合龙工期超出合同规定,双方都将依据合同以违约处理。双方在压力下,不得不又重新坐在一起商谈如何解决这个棘手的问题,不久,承包方提议邀请一家国际知名的咨询公司主持该关键技术监理方案的制定工作,咨询费由监理方承担,监理方无法提出更好的解决办法,只好以损失部分监理利润的情况下,答应了承包方的提议。这家知名的咨询公司给出了一个系统的、科学的、成熟的、可行性很强的监理方案,方案很快得到了各方的一致认同,在监理工作的配合下,大桥的合龙安装施工按期完成。

二、监理承包冲突的他人管理

监理方与承包方之间的冲突如果双方无法自行解决,则第一步,应寻求发包方的帮助。发包方作为双方共同的"领导",在协调双方冲突时具有无可比拟的优势。发包方,是整个项目的统领人和负责人,而监理方是由

发包方委托的，体现的是发包方的意志，发包方对除技术和国家的强制规定外的一切项目事务有决定权。从这个角度看，发包方在协调监理承包冲突时，具有更高的效率。冲突他人管理主要适用在冲突双方无法自行解决冲突的情形，双方存在解决冲突的意愿，但客观上依靠彼此力量又无法解决冲突，这时，寻求第三方的帮助是最为有效的办法。发包方在充当监理承包冲突的第三方时，与一般的独立第三方不同，它与双方都有合同关系。当然，如果发包方也无法协调冲突时，只能寻求独立的第三方解决。独立的第三方包括仲裁、法院等公共机构。当独立的第三方参与协调冲突时，可以发现冲突的双方已不是单纯的监理方和承包方了，而是发生了戏剧性的变化，冲突的一方变成了发包方与监理方，另一方为承包方。发包方与监理方之间的委托关系决定了他们的利益是一体的，某种程度上说，他们的利益与承包方的利益是对立的。

案例 4-12

某冷却塔工程设计高度达 108 米，施工组织设计明确要求需要搭设悬挑式脚手架进行施工。悬挑脚手架的设计方案显示，约有十分之一长度的脚手架超过 50 米，其余脚手架的搭设高度均小于 50 米。施工单位认为根据国家规定，只需将超过 50 米部分的脚手架进行专家论证即可；监理方却认为虽然超过 50 米的脚手架只占到十分之一，但这部分脚手架却和其余部分连接在一起，是一个整体，应一同纳入专家论证范围。双方各执一词，互不相让，由于不能确定论证范围，这样的情况使得施工单位的专家论证文件迟迟未编写。双方在多次正式和非正式碰面中，谈及此事，但都没有达成一致。监理只好向发包方求助，由发包方出面解决此事。发包方看到此情形也很棘手，一方面如果只将超过 50 米的部分纳入到论证范围，只怕专家委员会和质监部门会提出不同意见；另一方面，如果全部纳入到论证范围，届时各项费用都会较高，承包方会闹情绪。实在是两难。最后，发包方决定先电话咨询相关业内专家，看看该冷却塔工程的悬挑脚手架的咨询方案应如何确定，确定论证范围后再编写文件，然后再邀请业内专家对悬挑脚手架进行论证。事后证明，此方法不仅有效，而且还避免了项目验收时可能会出现的各种麻烦。

监理方和承包方之间冲突在工程项目管理冲突中占有重要位置，三方人员应充分认识双方冲突的特殊性，要从双方关系开始入手，分析冲突的关键要点，为管理好双方冲突做好必要的准备。

发包方与监理方之间的冲突

发包方将项目建设方面的专业事务都交由监理方负责，由监理方代为履行项目建设的监管职责。在三方关系中，发包方主要负责协调与项目建设有关的事务性工作，对项目进行全方位的宏观管理；监理方则专门从事与项目管理相关的专业性管理工作，因此，虽然发包方和监理方均从事与项目有关的管理工作，但侧重点不同。监理方虽然受发包方委托从事项目监督管理工作，但监理方的工作有很强的独立性，监理方既不是发包方的下属，也不是从事具体施工工作的承包人，严格意义上讲，监理方属于承包方邀请的独立咨询人，在专业事务上有权威发言权。双方特殊的关系决定了他们既不同于发包方与承包方之间的承揽关系，也不同于监理方与承包方之间的监督关系，而是一种法律上承认的委托关系。

第一节　委托合同的内涵

发包方与监理方签订的委托合同受法律保护。委托关系的建立通过签订委托合同实现，双方如果发生冲突，大致可以在委托合同中找到线索，深入研究委托合同的特点，明确双方的权力和责任是有效管理冲突的关键。

一、委托合同的司法解释

委托合同是一种历史悠久的合同类型，早在古代巴比伦《汉谟拉比法典》中，就对委托合同作了专门的规定。以后法国、德国、日本民法典及我国台湾地区的"民法"对委托合同也都作了规定。委托合同有广泛的适用范围，它可产生于任何一种民事主体之间，可以在自然人之间、法人之间或者自然人与法人之间缔结；可以为概括的委托，也可以为特别的委托。委托合同的目的是有利于生产经营，方便人们日常生活，加强国际经济贸易的联系。具有人身属性的法律行为或事实行为，一般不适用委托合同，如收养关系的建立或终止、婚姻关系的产生和消灭、立遗嘱、结婚、收养子女等。

委托合同的标的是为劳务委托人和受托人订立委托合同的目的，在于通过受托人办理委托事务来实现委托人追求的结果，因此，该合同的客体是受托人处理委托事务的行为。委托合同是诺成、非要式、双务合同。委托人与受托人在订立委托合同时不仅要有委托人的委托意思表示，而且还要有受托人接受委托的承诺，即承诺与否决定着委托合同是否成立。委托合同自承诺之时起生效，无须以履行合同的行为或者物的交付作为委托合同成立的条件。委托合同成立不需履行一定的形式，口头、书面等方式都可以。委托合同经要约承诺后合同成立，无论合同是否有偿，委托人与受托人都要承担相应的义务。对委托人来说，委托人有向受托人预付处理委托事务费用的义务，当委托合同为有偿合同时还有支付受托人报酬等义务。对受托人来说，受托人有向委托人报告委托事务、亲自处理委托事务、转交委托事务所取得财产等义务。委托合同可以是有偿的，也可以是无偿的。委托合同建立在双方当事人彼此信任的基础上。委托合同是否有偿，应以当事人双方根据委托事务的性质与难易程度协商决定，法律不作强制规定。

关于委托事务的范围委托合同的目的在于受托人处理委托人的事务。关于"事务"的解释，直接关系到委托合同的适用范围，对此，《日本民法典》第643条和656条规定仅限于法律行为，始得为委任合同之标的。就法律行为以外的事务所成立的合同，称为"准"委任合同。虽然未对受托人办理事务的内容作具体解释，但依照本法第二条的规定，只要能够产生民事权利义务关系的任何事务，委托人均可请受托人办理，既包括实体法规定的买卖、租赁等事项，也包括程序法规定的办理登记、批准等事项，还包括代理诉讼等活动。但委托人所委托的事务不得违反法律的有关规定，如委托他人代为销售、运输毒品、淫秽物品等，或者按照事务的性质不能委托他人代理的事务，如与人身密切联系的婚姻登记、立遗嘱等。

受托人以谁的名义处理委托事务在合同法起草过程中，对于委托合同是否要以委托人的名义处理委托事务，有不同的看法。一种观点认为，委托合同应当规定受托人以委托人而非自己的名义进行活动，这样，也能够划清和行纪合同的关系。另一种观点认为，委托合同不应规定受托人以谁的名义处理委托事务。委托只涉及委托人与受托人之间的法律关系，不涉及第三人；代理则涉及代理人、被代理人及第三人三方的法律关系。委托是产生一切委托事务的基础，如代理、行纪、居间等均由委托而产生。委托合同是基础合同，法律应予专门规定。

二、委托权限与委托费用

委托人可以特别委托受托人处理一项或者数项事务，也可以概括委托受托人处理一切事务。受托人在处理委托事务时，应以委托人指示的权限为准。以受托人权限范围为标准把委托划分为两大类，即特别委托和概括委托。划分特别委托与概括委托的意义在于，使受托人能够明确自己可以从事哪些代理活动，也使第三人知道受托人的身份和权限，使之有目的、有选择地订立民事合同，以防止因代理权限不明确而引起不必要的纠纷，如果发生了纠纷，也便于根据代理权限确定当事人之间的相互责任。

特别委托是指双方当事人约定受托人为委托人处理一项或者数项事务的委托。特别委托一般有以下几种情况：一是不动产出售、出租或者就不动产设定抵押权；二是赠与。由于赠与属于无偿行为，所以需要有委托人的特别授权；三是和解。纠纷发生后，有关人员在处理问题时需要双方当事人彼此作一定的妥协与让步，以终止争执或者防止争执，它包括民法上的和解或者诉讼法上的和解，以至破产法上的和解；四是诉讼。当事人就有关事宜向法院提起诉讼，请求法院依照法定程序进行审判的行为。五是仲裁。仲裁是指当事人发生争执时，不诉请法院判决，而是提请仲裁机构判断，其效力同法院的判决一样。受托人接受特别委托时，对于委托事务的处理，可以采取一切为维护委托人的合法权益而必要的合法行为。

概括委托是指双方当事人约定受托人为委托人处理一切事务的协议。例如，委托人委托受托人处理其买卖业务或租赁业务的所有事宜，即是概括委托。

委托人应当预付处理委托事务的费用。受托人为处理委托事务必要时应垫付的必要费用，委托人应当偿还该费用及其利息。受托人在处理事务过程中往往需要花费一定的费用，无论委托合同是否有偿，委托人都有义务事先提供处理委托事务的费用和补偿受托人为处理委托事务所垫付的必要的费用。

1. 委托人预付费用的义务

由于委托合同的特点是受托人用委托人的费用处理委托事务，因此，受托人对于费用没有垫付的义务，预付费用可以说是委托人的义务。受托人处理委托事务，如委托律师向法院提起诉讼，就应当先预付诉讼费。因为费用是为了委托人的利益而需要支出的，它与合同约定的报酬不是一个概念。我国台湾地区"民法典"第545条规定："委任人因受任人之请求，应预付处理委任事务之必要费用。"

对于委托人支付的预付款，如果委托事务处理完毕，尚有剩余，受托人应当返还给委托人。

2. 委托人偿还受托人支出必要费用的义务

由于受托人处理委托事务应当由委托人事先预付费用，受托人就没有垫付费用的义务，但如果垫付了，则有请求偿还的权利，即受托人为处理委托事务所垫付费用，委托人应当偿还。应当把委托人支付报酬与偿还处理委托事务所应负担的费用相区别。偿还处理委托事务的费用不是对价关系。所谓必要费用，比如差旅费用、有关财产的运输费、仓储费、交通费、邮费等。受托人处理事务所支出的费用，不仅会有金钱支出，有时也会有物的消耗。至于判断费用的支出是否必需，应当依据所委托事务的性质及处理时的具体情况来定。何为"必要"，其标准是什么，我们认为，支出费用的合理原则应从三个方面考虑，其一，直接性原则。受托人支出的费用应与所处理的事务有直接联系；其二，有益性原则。受托人支出的必要费用应有利于委托人，目的是使委托人受益；其三，经济性原则。受托人在直接支出费用时，应尽善良人的行为，采用尽量节约、适当的方法处理事务。也就是说，必须是客观上确有必要，才可以请求偿还，以防其滥用。不能以受托人主观上是否认为支出为必要为标准。而应以受托人实施行为时的客观状态作为标准。

3. 委托人偿还利息的义务

偿还费用还应包括自受托人暂付费用之日起的利息。如果双方当事人在订立合同时对利率有约定的，事后就应按其约定，如果对利率没有约定或者约定的不明确时，就应当依照法定利率计算。例如，甲因出国数年将自己的房屋委托乙看管并出租。数年后甲回国，乙应将房屋及其历年的房屋出租费交付给甲，但甲应当将乙为管理该房屋支出的维修等必要费用，连同自乙支付时起的利息，偿还给乙。

三、委托人与受托人的权利和义务

（1）受托人应当按照委托人的指示处理委托事务。

需要变更委托人指示的，应当经委托人同意；因情况紧急，难以和委托人取得联系的，受托人应当妥善处理委托事务，但事后应当将情况及时报告委托人。

受托人按照委托人的指示处理委托事务，这是受托人首要的义务。委托合同是受托人接受委托人的委托而订立，因此，受托人应当一丝不苟地按照委托人的指示，在委托人授权的范围内认真维护委托人的合法权益，想方设法完成委托事务。受托人原则上不得变更委托人的指示，如果受托人在处理委托事务的过程中，因客观情况发生变化，为了维护委托人的利益而需要变更委托人的指示时，法律规定应当经委托人同意。

受托人只有在具备以下条件的情况下才可以不按这些指示办事：①因情况紧急，需要立即作出新的措施；②由于客观上的原因，难以和委托人取得联系；③依据情况这样办是为了委托人的利益所必须。例如，甲委托乙为其出售股票，明确指示了某日以后再抛出，但突然股票价格骤跌，如果等到甲指示的某日再出售，股票价格将低落不堪；委托人又外出办事，短时间难以取得联系；在这种情况下，乙推定如果委托人知道此情况，也会变更其指示，受托人就有变更指示的权利，应当机立断妥善处理。如果受托人在不应该变更指示的时候而变更了，就应当负损害赔偿责任。

国外民法典对此也有规定，如德国民法典第六百六十五条规定："受托人受委托人的指示处理委托事务时，依情形认为委托人如知其情事亦能允许变更其指示者，得违反委托人的指示。"

（2）受托人应当亲自处理委托事务。

经委托人同意，受托人可以转委托。转委托经同意的，委托人可以就委托事务直接指示转委托的第三人，受托人仅就第三人的选任及其对第三人的指示承担责任。转委托未经同意的，受托人应当对转委托的第三人的行为承担责任，但在紧急情况下受托人为维护委托人的利益需要转委托的除外。

委托合同的订立和履行是以当事人双方之间的相互信任为基础，委托人选择受托人是以对其能力（业务能力、专门知识）和信誉的信赖为前提，该合同的订立，既体现了委托人对于受托人的办事能力和信誉的信任，也表明受托人了解委托人和愿意为其办理委托事务的意志。这种彼此信任是委托合同赖以订立和存续的基础。因此，委托合同强调当事人的人身属性。这样就要求受托人应当亲自办理委托事务，受托人不得擅自将自己受托的委托事务转托他人处理。

合同法对于转委托的情况作了如下规定：第一，转委托须事先取得委托人的同意。法律上所以不许任意转委托，是恐妨害委托人的利益。但如果委托人同意转委托时，则法律就没有禁止的必要，因为合同是以双方当事人自愿为原则，当事人意思表示一致，受托人才可以再委托第三人代为处理委托事务。第二，在紧急情况下受托人为维护委托人的利益转委托的，对第三人的行为不承担责任。例如委托人临时患急病，不能前去处理，由于情况紧急，如果不转托第三人代为处理，就会使委托人受到很大的损失。

（3）受托人应当按照委托人的要求，报告委托事务的处理情况。

委托合同终止时，受托人应当报告委托事务的结果。

受托人在办理委托事务的过程中，应当根据委托人的要求，向委托人报告事务处理的进展情况和存在的问题，以使委托人及时了解事务的状况。如果委托合同约定了报告的时间，受托人应按时进行报告。

委托合同终止时，受托人应就办理委托事务的情况，向委托人全面报告办理经过和结果，如处理委托事务的始末、各种账目、收支计算等，并要提交必要的书面材料和证明文件。

对此问题，各国的规定各有不同：法国民法典第 1993 条规定，"受托人应将处理的事务向委托人报告"。瑞士债法第 400 条和日本民法典第 645 条规定，只在委托人请求报告时，受托人才有报告的义务。德国民法典第 666 条规定，除在委托人请求报告时受托人有报告义务外，在自己认为有必要报告时，及在合同终止时，均有报告的义务。

（4）受托人处理委托事务取得的财产，应当转交给委托人。

受托人应当将自己因处理委托事务而取得的各种利益及时转交给委托人。这是受托人的义务。这里所说的"取得的财产"包括取得的金钱、实物，以及金钱与实物所生的孳息，以及其他财产权利。例如受托人因出售委托人的物品而取得的价金，或为委托人出租房屋所取得的租金等。受托人转移利益的义务，不仅适用于受托人，还适用于转委托的第三人。

（5）受托人完成委托事务的，委托人应当向其支付报酬。因不可归责于受托人的事由，委托合同解除或者委托事务不能完成的，委托人应当向受托人支付相应的报酬。当事人另有约定的，按照其约定。

有偿的委托合同，在委托事务完成后，委托人应当按照约定向受托人支付报酬。即使是委托合同并没有约定报酬的，但依据习惯或者依据委托事务的性质应该由委托人给付报酬的，委托人仍然有支付给受托人报酬的义务。

一般处理事务完毕，委托关系才终止。但在委托事务未全部完毕之前合同提前终止的情况也很多，提前终止委托人是否还要给付报酬呢，各国的民法典对此有不同的规定，我国台湾地区"民法典"第548条规定"委任关系因非可归责于受任人之事由，于事务处理未完毕前已终止者，受任人得就其已处理之部分，请求报酬。"

因不可归责于受托人的事由，委托合同解除或者委托事务不能完成，其原因主要来自三个方面：

第一，因委托人的原因，如委托人有本法第九十四条规定的情形，受托人依法解除合同的；或者委托人不给付处理事务的费用，致使事务无法进行的。

第二，由于客观原因，如发生不可抗力，或者委托人死亡、破产，委托合同终止的，或者受托人死亡、丧失行为能力无法使委托事务完成的等。上述事由都不是因受托人的过错造成的，不能归责于受托人，委托人应当根据受托人处理委托事务所付出的工作时间的长短或者所提供事务的大小，给付受托人相应的报酬。

（6）有偿的委托合同，因受托人的过错给委托人造成损失的，委托人可以要求赔偿损失。无偿的委托合同，因受托人的故意或者重大过失给委托人造成损失的，委托人可以要求赔偿损失。

在有偿的委托合同中，受托人在处理委托事务时只要有过错，并给委托人造成损失，就要承担赔偿责任。在无偿的委托合同中，受托人在一般过失下并不承担赔偿责任，只有在故意和重大过失的情况下，才对损害承担赔偿责任。所谓重大过失是指一般人对该行为所产生的损害后果都能预见到，而行为人却因疏忽大意没有预见到，致使损害后果发生。由于无偿委托合同，受托人没有报酬，因此，其承担责任相比有偿委托合同要轻一些。

受托人超越权限给委托人造成损失的，无论委托合同是否有偿，都应当赔偿损失。

（7）受托人处理委托事务时，因不可归责于自己的事由受到损失的，可以向委托人要求赔偿损失。

受托人在委托权限范围内认真处理委托事务，在自己毫无过错和过失的情况下，使自己的财产或者人身造成损害的，有向委托人请求赔偿的权利。

受托人在处理委托事务过程中因不可归责于自己的事由遭受损害的情况有很多，如由于委托人在受托人无过错的情况下，解除委托合同的；委托人未经受托人同意，又委托第三人处理同一事务致使受托人报酬减少的等等。

（8）委托人经受托人同意，可以在受托人之外委托第三人处理委托事务。因此给受托人造成损失的，受托人可以向委托人要求赔偿损失。

相互信任是委托合同双方当事人订立合同的基础，它具有严格的人身属性，因此，委托人如果要把委托事务再委托他人处理，需要征得受托人的同意。

委托人另行委托第三人处理委托事务，可能给受托人造成损失，如报酬减少。造成受托人损失的，受托人可以向委托人请求赔偿损失。

（9）两个以上的受托人共同处理委托事务的，对委托人承担连带责任。

共同委托是指委托人委托两个或者两个以上的受托人共同行使代理权

处理事务。但是，如果委托人为两个或者两个以上的数人时，而受托人只有一个人时，则不是共同委托。共同委托的代理权必须是由数个受托人共同行使的所谓共同行使，是指数个受托人享有共同的权利义务，即平等享有、共同享有的代理权，处理事务时只有经过全体受托人的共同同意，才能行使代理权。这并不是一个委托人同时委托了两个或者两个以上受托人，都产生共同委托的问题，如委托人在受托人之外另行委托他人处理委托事务的情况。又如，有时受托人虽然为数人，却不能认定是共同委托。例如，一个大商场委托甲代为购进家用电器，委托乙帮助销售电视机，又委托丙帮忙销售冰箱。这里虽然甲、乙和丙都是委托合同的受托人，他们都是共同接受一个委托人的委托，但是受托人甲、乙、丙之间并不存在联系，他们是各自独立的接受委托、各自行使代理权、各自承担责任，是同时存在的三个独立的委托合同，而不是共同委托。

受托人承担连带责任共同委托中的一个受托人与其他受托人协商后或者数个受托人共同协商后，单独或者共同实施的委托行为，其实施的委托行为应该被认为是全体受托人的共同行为，由此而造成损失的，若干个受托人依法应当对委托合同的履行承担连带责任。但是，如果共同受托人中的一个受托人或者数个受托人没有经过协商而擅自单独行使代理权的，由此造成的损失，仍然承担连带责任。当然，当事人事先约定了按份责任的除外，即合同中无特别规定，他们应对委托人承担连带责任。

四、委托合同的解除与终止

（1）委托人或者受托人可以随时解除委托合同。因解除合同给对方造成损失的，除不可归责于该当事人的事由以外，应当赔偿损失。

委托合同是以双方信任为存在的条件，如果一方不守信用，失信于另一方，继续履行合同已无必要，法律赋予了双方当事人的权利，即只要一方想终止合同，就可以随时解除合同，而且不须有任何的理由。

①委托人可以随时撤销委托。如果互相没有信任或者已不再需要办理委托的事项，委托人即可单方解除委托合同，无须征得受托人的同意即可

发生效力。但是受托人可以要求委托人赔偿相应的损失。

②受托人可以随时辞去委托。委托合同的成立既需要委托人对受托人的了解和信任，也需要受托人对委托人的信任。如果受托人不愿意办理受委托的事务，受托人无须表明任何理由，即可解除合同。

委托合同的一方当事人在不利于对方当事人的时期解除委托合同而造成对方损失的，应当承担赔偿责任，所谓不利于对方当事人的时期，就不利于委托人方面而言，当受托人在未完成委托事务的情况下解除合同时，委托人自己不可能亲自处理该项事务，而且又不能及时找到合适的受托人代他处理该委托事务而发生损害的情形；就不利于受托人方面而言，是指由于委托人在受托人处理委托事务尚未完成前解除了合同，使受托人因不能继续履行义务而少获的报酬。委托人除对受托人已履行的部分给付报酬外，对在不可归责于受托人的情况下，因解除委托合同给委托人造成的报酬减少承担赔偿责任。

但是受托人处理事务不尽义务，怠于委托事务的处理，委托人无奈而解除委托合同，虽会给受托人造成一定损失，但因解除合同事由不可归责于委托人或者不能完全归责于委托人，委托人对受托人因合同终止而遭受的损失不予赔偿或者只赔偿其部分损失。

（2）委托人或者受托人死亡、丧失民事行为能力或者破产的，委托合同终止，但当事人另有约定或者根据委托事务的性质不宜终止的除外。

委托合同的成立，是以双方信任为基础，为人格专属的法律关系，如果当事人一方死亡、丧失行为能力或者破产，其继承人、法定代理人与合同的另一方当事人能否取得互相的信任还是未知数，为了避免不必要的纠纷出现，法律规定在这些情况下，委托合同可以终止。

以上是法定事由发生时合同应当终止的情况，但也有例外：

①合同另有约定时除外。当事人可以另行约定即使有死亡、破产及丧失行为能力的情况发生，委托关系仍不消灭，有此约定的，当然依照其约定。例如，委托律师诉讼，委托合同可以约定，不因委托人死亡而停止代理诉讼。

②因委托事务的性质不宜终止的。国外及有关地区对此也作了规定，如我国台湾地区"民法典"第550条规定："委任关系因当事人一方死亡、

破产或丧失行为能力而消灭；但契约另有订定或因委任事务之性质不能消灭者，不在此限"。《德国民法典》第 672 条规定，委托人死亡或丧失行为能力，原则导致委托合同的终止，但以下两种情况为例外：其一，对委托人的死亡或丧失行为能力发生疑问；其二，不宜立即终止的委托合同。瑞士债务法则规定，除有相反约定或因委托事务的性质不能消灭者外，委托合同因委托人或受托人的死亡而消灭。

第二节　委托关系的确立

发包方和监理方作为独立的主体，在行使权利和义务方面是有所不同的。在前面的章节中，我们谈到了发包方和监理方共同作为项目项目管理方，他们工作的侧重点是不同的。工作侧重点的不同决定了发包方在双方的关系中只能扮演委托人，监理方只能作为受托人，这由他们各自角色的特征决定的。在阐述双方关系确立之前，有必要分析一下发包方和监理方两个角色的对比，这有助于我们更好地认识双方的关系及在合作中可能出现的冲突。

一、发包方 VS 监理方

在我国，监理方的职能是从发包方的职能中分离出来的。引入监理制度之前，发包方集行政、管理、技术、协调所有功能于一身，是项目不折不扣的"婆婆"。百事包办的后果弊端显现，发包方精力有限，不可能深耕于所有领域，特别是专业技术领域。工程项目种类繁多，类型多样。像工业建筑、民用建筑、道路、桥梁、河坝、水库、园林、景观等虽然都属于工程项目领域，但每个细分领域都有各自特点，有些领域甚至差异很大。因此，要求每个发包方都深耕于每个项目领域，掌握每个领域的专业知识很显然是不现实的。监理制度正是在这样的背景下从国外引进的，监理方作为相对独立的第三方，要求是工程项目专业知识权威的代表，精通工程项目某一方面的专业知识，说监理方为工程项目建设专家一点都不为过。监理方承接了从发包方剥离的技术和部分管理职能后，与发包方相比，其独特角色地位值得我们仔细分析一番。

首先发包方和监理方都属于项目的管理方，共同监管项目，履行的是监督管理职能。不同的是双方管理职能侧重点有所区别，发包方侧重于行政、协调和宏观管理；监理方侧重于项目管理专业技术的管理。发包方之与监理方属于管理方，相应地，监理方之与发包方为被管理方；发包方拥有行政、协调和管理资源，监理方拥有技术和部分管理资源；有些发包方固守某一区域，而监理方市场化较为明显；部分发包方属于盈利性质，监理方则全部追逐利润。这些区别是由两者本身的特性决定的，也成了日后双方合作的主要冲突来源。发包方和监理方的比较见表 5-1。

发包方和监理方的比较　　　　　　　　　　　表 5-1

	组织资源	技术资源	资金	管理权限	市场化	盈利	双方关系
发包方	有	无	有	有	部分显著	部分	管理/委托
监理方	无	有	无	有	显著	是	被管理/受托

二、双方关系确立途径

一般发包方和监理方之间的委托关系是通过委托合同实现的。经过公证的委托合同受法律保护。与发包方和承包方确立关系途径相似，根据项目属性是否为国有，确定监理方的方式可以分为招标或自行委托的方式。如果项目资金为全部或部分国有，则监理应采用招标的形式确定；如果项目资金为自有且规模较小，则自行委托即可。在这里，主要谈一谈发包方如何通过招标的形式确定监理人。那么，哪些项目需要招标呢？下列建设工程的项目需要进行招标。

（1）总投资额为 200 万元及以上的工业、交通、水利、市政基础设施工程项目；

（2）单体建筑面积 3000 平方米及以上的民用建筑工程；

（3）成片开发建设的住宅小区工程项目；

（4）国家、省、市、县重点工程项目；

（5）利用外国政府及其机构贷款、援助资金的项目；

（6）法律规定其他需要招标的项目。

按规定，应当实行监理招标的项目，属国有资金或国有资金控股的，且单体建筑面积 3000 平方米以上的，必须实行公开招标；集体企业投资、私人投资、外商独资、私有企业民营投资等涉及公共利益、公共安全的项目，且单体建筑面积 8000 平方米及以上的，必须实行公开招标，单体建筑面积在 8000 平方米以下，6000 平方米以上的，可以实行邀请招标。单体建筑面积在 6000 平方米以下的非国有、非集体性质的项目，由招标人自行考察监理单位，可以不实行招标，由发包人提供相关资料到当地的市场交易中心办理手续。一些特殊项目可以实行邀请招标。

监理评标办法与施工评标方法相似，一般采用综合评分法。由评标委员会对投标报价、资源配置、监理大纲和业绩等项目进行综合评分，并推荐 1～3 个监理候选人，招标人根据评标委员会提出的书面评标报告和推荐的中标候选人确定中标人。评标委员会汇总每个评委的得分后，去掉一个最高分和最低分，取余下评委的平均分算的最终得分，然后进行排序。如果得分相同，以投标报价为低的优先，投标报价也相等的，由招标人自行确定中标人。

监理投标后需要对标书在规定的时间节点举行开标唱标，首先需要明确初步评审的标准，俗称"初审"。初审包括两个方面的内容，一是形式评审标准；二是资格评审标准。形式评审标准包括投标人名称、投标函的签字和盖章、投标格式、报价是否唯一等几个方面。投标人名称需要验证营业执照、资质证书和总监证书的重要资格文件的名称是否正确；法定代表人或委托代理人是否在投标函的签字和盖章；标书是否按照投标格式编写；标书内关于投标报价是否唯一，是否存在前后不一致，大小写不一致的情况。资格评审标准主要包括法人资格、资质等级、总监资格等级、企业和总监的业绩和其他要求。法人资格要求具备独立的法人资格，参与投标的监理企业的资质必须是国家规定的最低标准。企业和总监业绩方面的要求有截止日期，截止日期以后的业绩不能作为评审业绩，并且业绩材料要求项目已竣工验收或者发包方签发完工证明。其他材料包括总监在职证明，养老保险缴纳情况以及其他必须提供的材料。以上各项都验审通过后，说明监理提供的投标文件已通过初审。

初审通过后，接下来需要对标书进行打分。评分标准主要包括投标报价、总监工程师的素质、资源配置、监理大纲和业绩等几项，当然对于不同的监理公司评审标准不局限于以上几项内容。需要强调是，与承包方标书评标打分相比，监理标书更强调资质和技术能力，投标报价方面，施工评标要更重视一些。与施工报价相比，监理服务报价要小得多。监理公司中标后，发包方需要按照规定签发中标通知书，进而签订监理委托合同，至此，发包方和监理方的委托关系才正式确立。

案例 5-1

某项目采用公开招标的形式选拔监理人，参与投标竞争的有三家监理公司，分别为甲公司、乙公司和丙公司。三家公司都按照招标人的要求在规定时间内提交了投标文件并交纳了投标保证金。开标时发现，甲公司投标文件缺少法定代表人或者委托代理人签署的投标函，乙公司投标文件中问题更多，一是监理服务费在文件中总共出现三次，且三次的金额显示都不一致；二是通过网上调查发现总监的执业资格证已经过期，且没有提供相关继续教育证明。丙公司投标文件初审时，未发现异常之处。评标委员会针对如此情况，果断宣布此次招标结果无效，应当重新招标，理由是符合条件的投标人只有一家，不足三家，竞争不充分，建议招标人重新招标。在公证人员在现场的公证下，招标人采纳了评标委员会的建议，对三家竞标公司宣布，该次招标无效，择日重新招标。

三、委托关系的形式

发包方将监理任务委托给监理公司有多种形式。传统的发包形式较为单一，就是将工程项目的监理任务委托给一家监理公司，由这家监理公司全权负责该项目的监理工作。随着时代的发展，传统单一发包的局面以难以满足建设工程的快速发展。特别是新材料、新结构、新工艺的出现，单一专业监理很难适应新形势的发展。多专业平行委托、联合体委托，这些新的委托形式为适应复杂的情况，应运而生。下面针对单一委托、平行委托、联合体委托等这三种监理委托模式逐一进行阐述，以分析它们的适用情形和优缺点。

（1）单一委托模式

单一委托模式在监理发包中最为常见，对专业类型单一，中小型工程项目特别适用该种委托模式。例如，对于普通的住宅小区工程，只要委托给具有相应房建资质的监理公司即可。在日常管理中，发包方便于对单一监理单位管理，对项目建设的监督和管理也更有利。可以说，在各方面条件允许的条件下，应优先采用单一委托模式发包监理任务。

（2）平行委托模式

不同于单一委托模式，平行委托模式有多个监理主体参与监理工作。平行委托模式是指在一个由多个专业组成的工程项目中，依靠单一专业监理主体已难以完成多专业监理任务，多个专业监理主体共同完成监理任务成为必然。根据项目的特点，依据专业界限对项目划分为若干个相对独立的子项目，每个子项目对应一个专业，由一家监理公司独立完成该子项目的监理工作。各个监理公司地位平等，各自完成子项目内的监理任务，互不干扰。这就是所谓的"平行委托"模式。如图5-1。

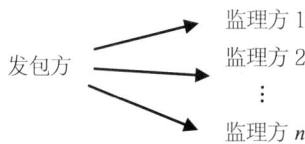

图 5-1　监理平行委托模式

显然，平行监理模式有助于复杂监理任务的解决。但缺点也是很明显的，首先发包方对诸多独立的监理主体难以统筹管理，由于是平行管理，在处理监理任务交界界面任务时，监理单位推诿扯皮现象较为严重，发包方难以协调，成本较高。其次是监理单位多，人员复杂，管理难度大。各个监理单位都只关注自己小部分的监理任务，一般不会顾及其他专业任务，缺乏大局意识，这对整个项目的监督质量是不利的。针对平行监理模式出现的这些问题，联合体模式一定程度上能解决这些问题。

案例 5-2

　　某市中心广场项目包括一幢5层高的展览馆、4层高的美术馆、地下市政工程和园林景观等多个专业。发包方起初的想法是找一家监理集团，同时具备房建、市政和园林资质，完成项目的监理工作。但招标公告发布后，响应的公司寥寥。发包方见此状，只好无奈将项目任务划分成若干个子任务，分为房建部分、市政部分和园林部分等三个子项目。以三个子项目分别招标监理公司，分别管理。三个招标公告发布后，很快得到市场响应，分别与三家很强专业实力的公司签订了委托合同。

（3）联合体委托模式

　　联合体委托模式是指两家或两家以上的监理公司组成一个整体，以整体的名义参与监理投标。其中一家主要的监理公司作为牵头人，其他监理公司为组成成员，这样的模式称之为"联合体委托"模式。监理联合体与施工联合体类似，在成立联合体时，所有成员需要共同签署一个内部协议，该协议将联合体性质、功能、权利责任划分、有效期等多个方面进行规定。联合体模式与平行委托模式相比具有诸多优点。首先，联合体成员单位的专业可以各不相同，这种模式能适应涉及多专业的项目情况，能解决复杂监理任务。其次，联合体的内部协议能很好地自我管理和协调，方便发包方更好地管理监理方，发包方的管理成本大大降低。最后，联合体模式融合了各个成员单位优点，同时也看到了对方的不足，每个成员单位都能在共同工作中取长补短。无论从哪方面来看，联合体模式相比于平行委托模式，优点更加明显，值得推广和鼓励。监理联合体委托模式见图5-2。

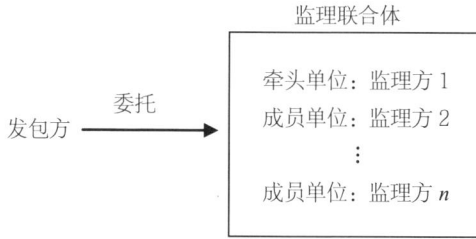

图 5-2 监理联合体委托模式

案例 5-3

某炼油工程项目属于国家重点项目，投资 5.76 亿元，工期为 2 年 4 个月。项目建设主要涉及两个主要专业，一是房建专业；二是石油专业，而且这两个专业的工作任务没有明显的界限，互相交错，互相融合。现在要通过招标确定监理单位，发包方面临两个问题，一是两个专业相去甚远，同一家企业很少同时拥有这两项资质；二是要求两个专业的监理人员能互相配合工作，无缝衔接。显然，通过招标确定一家同时拥有这两项资质的企业很少，如果分别招标，两家监理企业能否很好合作是个问题。鉴于发包方面临的问题，咨询方给发包方提出了一个建议，建议采用监理联合体模式选拔监理方。在监理招标文件中明确要求两个专业的监理必须成立联合体竞标项目，内部协议自拟。很快，多个监理企业组成联合体参与竞标，发包方从中选择到了满意的监理企业。

第三节 双方冲突的来源及分类

发包方和监理方在工作中共同管理承包方，委托关系表明他们的利益是共同的。但他们之间也会发生矛盾，相较于三角关系中其他两类矛盾，发包方与监理方之间的矛盾有其明显的特点。理论上，监理方的工作应贯穿于项目的全寿命周期，但目前国内更为普遍的情况是监理主要参与项目施工阶段的工作。因此，我们应更加关注他们在施工阶段发生的冲突，这是他们主要矛盾焦点所在。他们的冲突包括两个方面，一是双方委托关系本身产生的矛盾；另一个是交由监理方履行代理行为造成的冲突。这两方面是双方冲突的主要来源。本节我们将从这两个方面分别梳理发包方和监理方的冲突，以探之。

一、委托关系产生的冲突

发包方和承包方因委托关系产生冲突的关键节点在委托合同。双方签订的委托合同是指监理合同。监理合同明确了委托方和受托方的责任、义务及委托事项的范围、时间及其他重要事项。在这里，我们将他们产生冲突的主要责任方归结为三个方面：发包方主要责任、监理方主要责任和未明确事项。

1. 发包方主要责任

发包方主要责任造成冲突的原因是发包方违约。按照监理合同约定，发包方如果违约，则其应承担违约责任。但现实的情况是，发包方是委托方，有较大的管理权限，处于强势的一方。即使发包方违约，监理方有时为了息事宁人，为了自身的利益着想，也会睁一只眼闭一只眼，忍气吞声。但因发包方的过分要求形成的冲突并不会少。常见的有：(1) 发包方随意增加监理内容或者要求监理方从事本身并不属于其工作范围的工作内容；(2) 信息不对称造成的冲突；(3) 发包方联合承包方故意刁难欺压监理方；(4) 监理方是发包方委托的，但发包方授权不够，常常使监理方在工作中处处受掣肘，监理方地位被严重压缩，发包方常常以监理工作不力斥责监理方，双方容易起冲突；(5) 发包方滥用管理权引起的冲突；(6) 发包方原因中止合同给监理方造成损失，而损失得不到合理补偿，双方引起冲突。以上为发包方和监理方在合作中常见的一些冲突，实际发生的冲突并不局限于此。

案例 5-4

某高速公路项目在监理项目招标时要求具有公路监理甲级资质的企业才能参与投标，监理范围主要包括道路平整和道路施工工作，市政部分单独招标。市政部分监理招标时，意外将路灯工程遗漏了。甲道路工程监理企业和乙市政监理企业组成联合体成功地取得了该项目的监理权。内部协议规定甲公司为牵头企业，乙公司为成员单位。当项目施工到路灯安装工程节点时，发包方突然发现路灯工程部分无人监理。为了尽快完成项目，弥补工作中的过失，发包方要求甲乙两家公司解决道路工程监理问题。虽然甲乙两家公司是联合体，但双方并没有隶属关系，问题协调难度较大。甲公司认为，一般道路工程属于市政工程范畴，乙公司应挑起担子；乙公司认为道路工程此前并没有纳入到市政监理合同单位，如果发包方执意要求乙公司承担监理任务，那么应适当增加监理费，如果发包方不同意增加监理费，则该问题应由作为牵头单位的甲公司负责解决。发包方回应称，增加监理费难度较大，而且这部分监理费用数额不大，两家公司应发挥主人翁精神解决这个问题。见甲乙双方迟迟没有动作，发包方对待双方的工作态度明显转变，磕磕碰碰明显增多。发包方、甲乙公司虽然表面没有激烈冲突，但暗流涌动。为了不给后续的监理工作增加不必要的麻烦，甲动议乙公司承担道路工程的监理工作，双方内部约定，道路工程监理工作由乙公司承担，产生的费用将由甲公司承担一半。

案例 5-5

某火力发电厂项目一期工程土建工程部分由发包方专门委托具有房建一级资质的监理公司承担监理任务。在施工过程中，发包方、监理方和施工方经常发生一些不愉快，而且这些不愉快都有一定的相似性。归纳总结可以表述为发包方和监理方会同时就某事务向施工方发出不同甚至看似矛盾的指令，常常令施工方无所适从。发包方和监理方的不和谐给施工方带来了很大的烦恼。仔细观察分析可以发现，主要问题出在发包方，一方面发包方参与了本该监理方应行使的职权，对监理方的工作干预过多；另一方面，发包方没有与监理方很好地配合，给施工方带来了很多的困扰。多个"婆婆"的局面无论对监理、施工方还是项目都没有什么好处。监理方工作中受尽委屈，在多个场合或明或暗地表达了对发包方的不满，而发包方觉得监理方的专业度和敬业度都没有达到发包方的要求，在一次例会上，甚至表示如果监理方的工作情况没有改善的话，将会对监理方进行处罚，不排除解约的可能。发包方和监理方明里暗里冲突不断，给施工方和项目带来了很多负面影响。

2. 监理方主要责任

由监理方主要责任引起的冲突主要原因在于监理方违约，如果监理方违约，监理方应承担违约责任，并赔偿发包方损失。通常情况下，在与发包方的博弈过程中，监理方始终处于弱势地位，如果监理方与发包方发生冲突，且主要责任在监理方一边，监理方最终的结果一般都是接受处罚。常见监理方违约造成的冲突主要有：(7)监理人员素质、业务能力达不到合同和发包方的要求而发生冲突；(8)监理人员频繁流动给发包方管理带来难度而引发冲突；(9)总监及主要常驻监理人员不能及时监理，甚至是缺勤，引发发包方不满；(10)其他可能的违约事项。

案例 5-6

某垃圾焚烧站项目开建后，监理方的主要人员迟迟未到场，监理的工作严重滞后，且影响到了承包方的正常工作。发包方多次催促监理公司尽快到现场组建项目监理部，监理公司半个月后才陆陆续续进驻到项目现场。不久以后，发包方观察到监理方的异常，总监到场的天数偏少，除了关键节点的验收和每月月底的工程进度款审核签字外，几乎很少看到总监在现场。半年后，发包方组织召开项目例会，指出总监的问题，并严正警告监理方，如果总监出席的情况得不到改善，将视同监理方违约。监理公司看到自己的表现已引起了发包方的不满，行为有所收敛，一段时间后，总监故技重施，为了项目着想，发包方也只好睁一只眼闭一只眼。终于有一次，监理方彻底激怒了发包方。该市住建部门的文明办到施工现场检查建筑工地文明施工问题，由于总监缺席不在场以及监理存在的诸多问题导致这次检查的评比结果仅为合格，发包方立即发函到监理公司，要求公司负责人约谈该总监，并提出整改意见。如果整改情况没有改观的话，将按照监理合同处罚监理公司。事态的严重性立即引起了监理方的充分重视，公司管理层一方面重点督查该项目的整改情况，不仅更换了总监，还加大了技术力量，努力修复与发包方之间的关系；另一方管理层下发文件，要求旗下各项目监理部自查整改，责任落实到各项目部总监，如果出现类似情况，将会对总监进行处罚，绝不姑息。此后，垃圾焚烧站项目监理部的主要监理工作人员出席工地的情况有了很大改观，监理工作进入正常轨道。

3. 未明确事项

未明确事项是指在监理工作中出现在委托监理合同中未出现的事宜，也就是所谓的"监理空白区"。工程建设充满不确定性，风险性是工程建设的一大特征。在施工过程中，出现监理合同未规定事项存在较大概率。"监理空白区"未明确双方的责任和义务，是发包方和监理方冲突的多发地带。典型的有:(11)出现新的监理任务空白区;(12)监理合同条款表述不明确，模棱两可;(13)由价值观、教育工作背景不合导致双方工作配合不和谐;

（14）其他可能引起冲突的未明确事项。

案例5-7

某城市湿地公园工程在监理招标文件中明确了招标范围，包括湿地清淤换填工程、小品景观若干、道路工程、排灌系统及其他配套设施。项目开始后，当承包方安装路灯和配电箱时，监理方罢工了，他们认为路灯工程并不在监理合同范围内，他们无权也不应参与路灯安装的监理工作。发包方认为，合同中"及其他配套设施"应包含路灯工程，监理方不应推脱自己应履行的职责；监理方回应称，路灯工程属于市政工程范围，是独立专业范畴，归属于"配套设施"欠妥。双方因为对"及其他配套设施"字眼的不同理解产生了较大分歧，冲突致使路灯工程无法进行下去。最后，双方各让一步，监理负责路灯工程的监理工作，发包方承诺将额外支付一笔酬金作为补偿。

二、代理行为引起的冲突

监理方代理行为引起的冲突主要原因在于监理方的代理行为未达到发包方或合同的预期标准，从而引起发包方的强烈不满。主要的冲突起因包括两个方面：（15）监理方对承包方未严格监管引发发包方强烈不满。需要指出的是，（15）与（7）有本质的区别，（7）一般是由于监理本身的素质不高造成的；而（15）属于主观故意，主观上放松对承包方的监管，其行为已引起发包方的强烈不满。（16）监理方与承包方合谋损害发包方和项目的利益。监理方和承包方之间的合谋问题虽然不普遍，但这个问题由来已久，监理和承包的串谋对发包方和项目的危害是极其严重的，发包方在管理项目时，信息的获取方面处于劣势，天然的信息不对称为监理、承包双方合谋提供了客观的条件。发包方一旦发现监理方有合谋行为，必将引起大怒，对监理方的惩罚将会非常严厉。因此，发包方摸清项目建设进展、及时掌握监理方和承包方管理项目的情况是非常必要的，这些措施可以有效预防监理方和承包方串谋行为。

案例 5-8

某农民拆迁安置房一期项目邀请了甲公司承担监理任务，乙公司承担施工任务。项目属于公共项目，在项目施工过程中，乙公司通过行贿的方式取得了甲公司的信任，并承诺甲公司，如果甲公司在钢筋绑扎方面给乙公司"通融"的话，将会分一半的好处给甲公司，但前提是必须隐瞒发包方。甲公司见"好处费"不菲，遂答应了乙公司的请求。项目如期竣工，安置居民顺利入住，但半年后，问题出现了，部分安置房的墙体出现开裂，严重的甚至出现了倾斜，安置房出现了严重的安全隐患。入住居民群情激愤，将房屋的质量问题向市长热线投诉，要求开发商给出合理解释。事态的严重性引起了开发商的重视，立即邀请了省内权威的检测机构对出现质量问题的房屋进行检测，检测结果显示，房屋出现的质量问题是由乙公司在施工时，偷工减料造成的。居民对此结果表示非常震惊，并要求进一步对"完好"的房屋进行检测，结果发现，一期项目都普遍存在类似的问题。这彻底激怒了居民群众，要求发包方给出说法，后经相关主管部门出面安抚协调，居民的愤怒得以平息。但对甲公司和乙公司的追究才刚刚开始，发包方要求乙公司赔偿所有损失，并且要求甲公司承担连带责任，发包方、甲公司和乙公司私底下多次协商，均没有达成一致，甚至还多次爆发激烈冲突，但最终都无功而返。无奈之下，发包方将甲公司和乙公司一并告上了法庭。

三、双方冲突的分类

上述列举的冲突在项目管理中较为常见。为了更加系统地认识和了解冲突，有必要对冲突做进一步分类，找出这些冲突共性的地方，以便更加高效管理发包方和监理方之间的冲突。在本节中，我们将以引起冲突的核心要素和不同成因两个角度进行分类，以窥其中之奥秘。

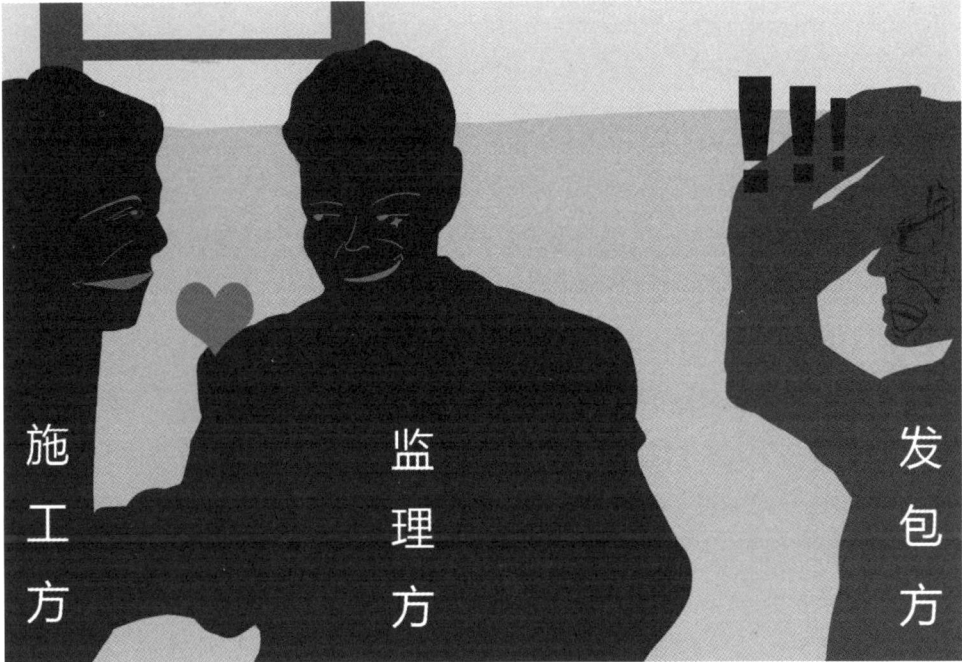

施工方　　　　　监理方　　　　　发包方

1. 不同核心要素

发包方和监理方合作前需要签订监理合同，以作为约束彼此行为的重要书面文件。因此，双方发生冲突很大程度上是因为合同原因引起的。与发包方和承包方类似，除了合同因素，发包方和监理方的关系因素对冲突的影响同样不容忽视。总之，合同和关系是影响发包方和监理方冲突最为重要的因素已取得业界广泛共识。上述所列（1）~（16）项双方常见冲突可以归结为合同为主要因素的有:（1）、（4）、（5）、（6）、（7）、（9）、（11）、（12）、（16）;可以归结为关系为主要因素而引起的冲突主要有:（2）、（3）、（8）、（13）、（15）。

2. 不同成因

根据冲突的成因，可以将冲突归结为利益不同、价值观的不同、认知的差异和目标的不同等几个方面。与前述的几类冲突类似,可以将(1)~(16)项冲突按照以上几个不同的成因进行分类，分类结果如表5-2。

发包方与监理方不同成因标准下的冲突分类　　　　　表 5-2

冲突成因	利益冲突	价值观冲突	认知冲突	目标冲突
委托关系	（1）（3）（6）	（13）	（2）（4）（11）（12）	（5）（7）（8）（9）
代理行为	（16）			（15）

第四节 双方冲突的管理

　　监理方受发包方委托监督管理工程项目，作为共同的项目管理方，理论上，两者应是伙伴关系。双方应紧密合作，共同管理好工程项目。然而，现实的情况总是存在差异的。发包方、监理方、施工方之间存在的千丝万缕的利益关系使得发包方和监理方本应单纯的关系变得复杂。如果发包方和监理方合作愉快，关系和谐，双方很难产生冲突；相反，如果双方关系不和谐，冲突矛盾不断，无论对双方，还是项目本身而言都是极为不利的，产生的危害也是难以估量的。那么，如果双方爆发冲突，将会产生怎样的危害呢？这些危害能否警示双方，成为稳定双方关系的关键因素？

一、发包方和监理方冲突的危害

　　发包方和监理方本该是一个战壕的战友，只有双方精诚合作，才能管理好项目。如果双方存在矛盾，对项目的影响将是巨大的。首先，冲突矛盾会将监理方推向发包方的对立面，发包方很难通过监理方将自己的管理意图贯彻下去，这样会大大削弱自己对项目的管控。在这样的情况下，监理方的表现有两种情况，要么消极对待；要么索性彻底倒戈，和承包方成立联盟，这对发包方和项目是非常不利的。下面我们将从两个方面，分析一下监理方如果走向发包方对立面后，对项目会造成什么影响。

　　（1）监理方消极工作，对监督管理职责敷衍了事。发包方与监理方如果工作关系不良，委托关系效果会大打折扣，监理方不努力工作，对待工作随意，由于缺乏发包方的正向激励，觉得自己工作干好干坏一个样，工作能推就推，对承包方的监督能放一马就放一马，你好，我好，大家好。这样做的结果就是对监督验收工作不严格，项目本身的建造质量得不到保证，严重损害项目的利益。另外，发包方作为项目的实际拥有人，劣质项目不仅损害的声誉，对项目实际使用获得的收益也造成很大的负面影响。换句话说，监理敷衍塞责的行为直接损害了项目的利益，间接造成了发包方的损失。虽然表面上看，监理方放松了对承包方的监督，使得承包方得以从该项目中以较低的代价获得了较高的收益，监理方也相应获得一些好处，但从整个建筑行业来看，监理的不良行为直接导致承包方对自己的施工管理技术不严格，长期来看，这对提高承包方的技术水平非常不利，更不利于建筑行业整体施工水平的提高。可见，监理行业整体的工作态度对承包方乃至整个建筑行业都有很大影响。

（2）监理方与承包方结成利益同盟。除了监理方消极怠工的情形外，对发包方和项目威胁更大的是监理方与承包方结为利益同盟，这将大大损害发包方和项目的利益。监理方与承包方本应是监督方与被监督方的关系，有严格业务关系，一旦双方成为同盟关系，严格监督关系势必异化，监督功能也随之消失。监理的部分监督功能消失，为承包方为所欲为提供了空间。可以想见，在这种情况下，承包方和项目的利益将彻底失去了最为重要的保障，项目成了承包方的盘中餐，发包方的利益保障也成了空中楼阁。发包方作为监理方和承包方的共同"领导"，在日常管理中，应严加防范这种利用发包方在获取信息方面的天然劣势，私下结盟的行径，这是任何发包方所不能容忍的。

考虑到发包方和监理方发生冲突后，可能会引发的种种可能的后果，发包方在引爆与监理方的冲突时，应充分审时度势，权衡决策做出后的种种利益得失，充分估计双方走向对立后可能发生的情形。综合以上分析，监理方如果能充分考虑到自身、项目、发包方乃至整个行业的利益，与发包方站在同一条战线，高效履行自身角色的职责，避免与发包方之间冲突是唯一选择。

二、双方冲突管理的路径

发包方和监理方之间存在冲突，当事人有发包方。在发包方、监理方和承包方三者的关系中，发包方是监理方和承包方两者共同的领导，因此，他们之间的冲突只有自我管理问题。发包方应充分发挥主观能动性化解与监理方之间的矛盾，监理方应以发包方和项目的利益为重，审慎做出有利于发包方和项目的行为举措。双方冲突公开化不仅不利于矛盾的解决，而且会对承包方、咨询方，甚至对项目外部相关单位的行为产生微妙的影响。总之，发包方和监理方应积极主动化解彼此的矛盾。

（1）发包方作为冲突的主要当事人，是冲突管理的主要责任人。整合、宽容、折中和独断都是处理冲突的常用手段，回避属于消极方法，不可取。整合方法是指倾听监理方的意见，主动考虑监理方的意见，将对方的合理诉求都纳入到自己的考虑范围，得出一个考虑对方诉求的一个应对冲突办法。这种方法一般充分调动了发包人的智慧，将自己的利益诉求和对方的利益诉求紧密地结合，给出的冲突管理建议兼顾了彼此的需求，不失为两全其美的办法。整合办法是解决双方冲突的最佳途径。宽容是指监理方在没有挑战自己最大容忍范围极限，同意牺牲自己少部分利益的前提下，发包方完全无条件地接纳对方的诉求。监理方向发包方提出诉求时，如果超过了发包方的可承受极限，一般监理方是很难获得发包方宽容对待的。折中是指双方都退让一步，取得一个中间平衡策略，但这种应对冲突的方式基本不适用在发包方和监理方之间，在发包方普遍强势的前提下，要求发包方做出大让步不切实际。最后，独断方式是指发包方动用管理者的绝对权力，发挥绝对权威，让监理方被迫接受发包方提出的一切合理的或不合理的要求，这在双方冲突无解的情况下，发包方动用的最后一步棋。从中可以看出，监理方如果逼迫发包方采用独断方式解决冲突时，自己的诉求非但可能无法满足，可能会因此丧失更多的利益。

（2）监理方层面，首先需要对自己提出的诉求进行全方位的判断，分析诉求的可行性和合理性。如果监理方的合理诉求得不到圆满解决，可以据理力争；相反，如果监理方的诉求明显不合理，超出了承包方的可承受极限范围，则与发包方的对抗中，建议应适可而止，见好就收，不应挑出更多事端，提出更多无理要求，更不应无理纠缠。一旦包发方动用独断方式应对冲突，最后损失的可能还是自己。另外，从委托关系上看，监理方处于被管理的一方，在与发包方博弈时，明显处于劣势。监理方应仔细观察承包方的反应，一旦自认为得到了最大好处，应立即主动中止与发包方的对抗，及时恢复自己应有的角色，与发包方一起共同管理好项目。值得一提的是，监理方万万不可与施工方合谋，因为合谋被揭发的风险极大，监理方极有可能为此付出沉重的代价。监理方和承包方的合谋行为不仅严重背离了委托合同的精神，与监理方本身所扮演的角色也不相符。在利益的驱使下，一旦监理方陷入合谋旋涡，将难以自拔，等待监理方的将是无尽的被揭发的风险。

第六章

总包方与分包方之间的冲突

在项目建设中，除了传统的发包方、监理方和承包方外，还存在另外一种重要的主体，就是发包方。分包方是相对于总包方而言的，是根据施工需要，由总包方将部分专业工作或者劳务委托给下一级责任主体完成。因此，在工程项目日益复杂的今天，分包方参与实际项目建设在工程建设中较为普遍。根据规定，分包方与总包方直接签订分包合同，日常管理由总包方负责。双方在合作中，冲突和碰撞无法避免。本章我们着重分析分包方与总包方之间可能存在的冲突；当然，分包方和发包方、监理方之间存在的问题同样不容忽视。

第一节　工程分包与分包合同概要

所谓分包合同是指当事人一方将自己在合同中的一部分权利义务转让给第三人，即部分债权债务的转移。通俗地说就是总包方在一定的条件下，通过分包的形式将部分工作任务转让给分包方完成。法律上之所以允许分包的存在，是因为总包方对完成某部分工作不一定具有优势，将一部分工作分包给有专业优势的第三人完成，对发包方不仅没有损害反而更有利。

一、工程分包的内容

在工程项目分包合同中，施工总承包企业将所承包建设工程中的专业工程或劳务分包转让给其他建筑施工企业的活动。一般来说，分包活动分为专业分包和劳务分包两大类。国家规定对分包企业进行资质管理，只有分包企业具备了相应资质，才能进行承接相应分包工程任务，任何无资质或超越资质承揽分包任务的，都视为违法分包。专业承包资质和劳务承包资质可以分为若干个资质等级，分别为：

（1）专业承包资质。专业承包序列企业资质设 2 ~ 3 个等级，60 个资质类别，其中常用类别有：地基与基础、建筑装饰装修、建筑幕墙、钢结构、机电设备安装、电梯安装、消防设施、建筑防水、防腐保温、园林古建筑、爆破与拆除、电信工程、管道工程等。

（2）劳务分包资质。劳务分包序列企业资质设 1 ~ 2 个等级，13 个资质类别，其中常用类别有：木工作业、砌筑作业、抹灰作业、油漆作业、钢筋作业、混凝土作业、脚手架作业、模板作业、焊接作业、水暖电安装作业等。如同时发生多类作业可划分为结构劳务作业、装修劳务作业、综合劳务作业。

关于分包资质的审批，国家对专业承包资质和劳务分包资质有不同的规定。专业承包资质序列公路、水运、水利、铁路、民航方面的专业承包一级资质及铁路、民航方面的专业承包二级资质；涉及多个专业的专业承包一级资质等的企业在申报资质时，需要国务院住房与城乡建设部审批同意。专业承包资质序列一级资质（不含公路、水运、水利、铁路、民航方面的专业承包一级资质及涉及多个专业的专业承包一级资质）；专业承包资质序列二级资质（不含铁路、民航方面的专业承包二级资质）；铁路方面专业承包三级资质；特种工程专业承包资质，专业承包企业在申报上述资质时，需要经过省级行政主管部门的审批同意。专业承包资质序列三级资质（不含铁路方面专业承包资质）及预拌混凝土、模板脚手架专业承包资质；施工劳务资质；燃气燃烧器具安装、维修企业资质，申请上述资质的企业需要设区市的市级行政主管部门审批同意。

《建筑法》第29条规定，建筑工程总承包单位按照总承包合同的约定对建设单位负责；分包单位按照分包合同的约定对总承包单位负责。总承包单位和分包单位就分包工程对建设单位承担连带责任。

《建设工程质量管理条例》第25条明确规定，施工单位不得转包或违法分包工程。下列几种情形可以列为违法分包行为：

（1）总承包单位将建设工程分包给不具备相应资质条件的单位，这里包括不具备资质条件和超越自身资质等级承揽业务两类情况；

（2）建设工程总承包合同中未有约定，又未经建设单位认可，承包单位将其承包的部分建设工程交由其他单位完成的；

（3）施工总承包单位将建设工程主体结构的施工分包给其他单位的；

（4）分包单位将其承包的建设工程再分包的。

除了违法分包外，转包行为也是违法的。转包是指承包单位承包建设工程后，不履行合同约定的责任和义务，将其承包的全部建设工程转给他人或者将其承包的全部工程肢解后以分包的名义分别转给他人承包的行为。挂靠行为也属于违法行为。挂靠行为主要包括：

（1）转让、出借资质证书或者以其他方式允许他人以本企业名义承揽工程的；

（2）项目管理机构的项目经理、技术负责人、项目核算负责人、质量管理人员、安全管理人员等不是本单位人员，与本单位无合法的人事或者劳动合同、工资福利以及社会保险关系的；

（3）建设单位的工程款直接进入项目管理机构财务的。

二、工程分包合同的签订过程

建设工程施工过程实行总分包制度是建筑市场目前的通行做法。总承包方在实施一个建设项目的全面管理中，往往要组织与协调少则几个、多则几十个劳务和专业分包工程队伍，共同完成与发包方约定的质量、工期、价款等施工合同目标。加强对分包队伍的管理对总承包方来说非常重要。近年来，我们在工程项目管理实践中深刻感受到，分包合同的管理是分包队伍管理的关键。只有科学合理的签订分包合同，并且全面认真地履行分包合同，才能确保项目管理团队实现盈利。

科学合理地签订分包合同，包括合理选择分包队伍、准确划分分包施工范围、确定合同文本、进行分包合同条款洽谈、正式签订分包合同等几个方面的内容。

1. 合理选择分包队伍

首先要合理选定劳务分包队伍，因为劳务分包在施工中所占的比重偏大，直接影响到项目的经济效益和工程的质量。项目管理团队在选择劳务分包队伍时，要先在公司的合格分包方中选择，优先考虑以往有过合作的队伍，这样，对所选队伍的情况能有一个基本的了解，避免出现人的失误。在此基础上，严格审查其营业执照、资质等级证书、法人委托书，确认证件是否真实有效，法人委托的时间和营业范围有无超时和超越，多方考察分包单位近期的实际施工能力及管理水平。对于资信不可靠，无设备、无资金以及有不良记录的队伍坚决拒绝使用。对于专业分包队伍的选择可比照劳务分包队伍选择的方法去选择，更要注重资质和专业化水平，以保证其能够完成专业分包工程施工。不论是选择劳务分包队伍，还是选择专业分包队伍，项目管理团队都要集体讨论、研究决定，任何人不得擅自决定分包，以保证整体利益不受损失。

2. 准确划分分包施工范围

分包施工的范围要在总包方的施工范围内，不能超越总包方的施工范围。除此之外，还要划分清楚各个分包队伍之间的交叉与边缘工作，如门窗安装工程的后塞缝、装修工程中的垃圾清理和外运、防水工程与装修工程中的砂浆找平、土建工程中的水电预留孔洞等。这些工作如划分不清，很容易造成分包队伍之间的纠纷，出现扯皮现象，影响工程进度。分包工程实施中，同样的分包专业或事项，在保证工期的前提下，能用一家队伍完成的决不用两家，以减少不必要的成本支出，减少矛盾。

对于发包方直接指定分包的工程，配合施工的事项要约定具体，分清界面，减少纠纷的发生，确定合同文本能使用我方统一制定的合同范本最好，可以避免因时间仓促或考虑不周详引起的问题，如构成合同的各种文件不齐全，合同条款设置不全或不合理，对各种问题的规定有遗漏，合同用词不够准确、模棱两可或含义不清，对工程中可能出现的不利情况缺乏足够的预见性等等。如特殊原因不能使用，应重新起草适合双方且能被双方接受的文本，不要直接套用对方起草的格式文本，因为我们对这样的文本往往比较生疏，改动量会较大，再遇上设置的文字陷阱，稍不注意就会签订不利合同。

3. 进行分包合同条款洽谈

合同洽谈是签订分包合同的重要工作，合同洽谈人员需具备良好的心理素质，丰富的建筑施工、技术、材料、施工工艺等方面的知识，熟悉市场行情，熟悉国家现行的各种法规，有实践中积累的工作经验。在合同洽谈中，要保持全局有利的总体观念，灵活机智、据理力争、互惠互利，始终为企业取得理想的经济效益做不懈的努力。分包单价作为合同洽谈的核心，必须经过现场调查研究和预算成本分析计算以及项目管理团队集体研究后确定，一定要在发包方能够给予的前提下，尽量压低实际支出单价，在收入和支出之间寻求更多、更大的利润空间。

4. 正式签订分包合同

分包合同谈好签订前，要由项目各部门对合同条款进行全面评审，再次进行把关。对评审提出的不合理条款要及时修订，保证合同能够顺利履行。对风险条款，要制订出防范和转移措施。分包合同一般要由公司法人代表或其委托的代理人签字，并加盖公司印章，无法人代表的委托书，任何人都无权行使分包合同的签字权。否则，违反人将承担一切法律和经济责任。合同在双方签字盖章正式生效后，报合同管理部门备案。

全面认真履行分包合同应贯穿分包工程施工的全过程。分包合同一经生效，项目管理团队各部门都要按照各自的职责，按照合同规定，行使权利和履行义务，保证分包合同目标的圆满实现，全面认真履行分包合同主要应从质量、工期、价款三方面着手。

分包合同中的工程量标准约定要以总包方与发包方签订的建设工程施工合同为准。项目管理团队要根据分包合同中约定的质量条款，建立工程质量保证体系和一套行之有效的质量管理制度，包括施工工序、分项工程、分部工程、单位工程的质量控制要点。在施工过程中，督促分包队伍及时进行自我检查和互相检查，把好质量关，及时发现问题，及时整改，使工程质量达到规范标准。在工序之间进行交接检，促进质量的控制。自检、互检、交接检都规定检验方法和标准，不流于形式，尤其是隐蔽工程，更要严格检查，绝对不能存有任何隐患。分包队伍如违反合同约定，一定要追究其责任，以免发生工程质量事故。

分包合同中工期的约定要在承包方与发包方签订的建设工程施工合同的工期期间，并满足各项分包工程的施工需要。项目管理团队要编制工期计划，使得各分包队伍的施工工期合理搭接，每一分包队伍的施工工序和施工过程合理搭接，实现均衡和有节奏的施工。要督促分包队伍制订工期保证措施，定时检查日、旬、月的工程进度情况，发现实际进度和计划有差距，要找出原因及时进行整改、调整，确保工程项目整体工期的实现。分包合同中价款目标完成与否的因素很多，也可以说分包合同每一条款都和价款息息相关。

分包工程质量不合格返工，工期滞后赶工，发生质量事故和安全事故，材料浪费或消耗超定额，现场签证控制不严，管理不善导致违约或行政处罚等，都会加大合同价款和增加成本。可以说，分包合同价款约定的合理，并不等于分包工程能够盈余。在分包合同履行过程中，一定要严格控制和认真执行分包合同单价，实事求是地实施计量，合理确定分包工程完成数量，减少零星用工和现场签证，按合同约定进行分包工程进度款支付。施工中加强管理，经常和分包队伍进行沟通，将工程质量和进度等影响成本的问题减至最低程度，争取在完工结算时全面实现合同价款目标并获得盈利。

综上所述，分包合同管理是分包队伍管理的重要方面。在当前规范项目管理，完善项目集体责任承包制度过程中，我们要不断提升分包合同管理水平。为企业经济效益的增长做出更多、更大的贡献。

三、签订工程分包合同注意事项

分包合同甲方一般是指总包方，首先要关心两个问题：一是自身是否具有将工程分包的权利；二是乙方是否具有实施分包工程的资质。其他需要注意的问题也很多，需要注意的是：

（1）建议业主应在招投标阶段将指定分包内容明确化，业主招标文件不明确时应及时提出咨询。应在总承包合同条款中详细约定指定分包工程的具体内容，明确承包、发包双方的权利义务和相关费用的收取方法。

（2）总包合同中，总包承包范围、工程工期等方面尽可能约定不包含指定分包工程内容。

（3）作为总包人，应尽量避免与指定分包人签订指定分包合同，争取使发包人与分包人直接签订指定分包合同，使指定分包工程变为总包合同外工程。

（4）若必须与分包人签订分包合同的，争取签订包括发包人、分包人在内的三方协议，约定总包人仅履行总包管理之责，付款义务在发包人一方。

（5）应保存好施工过程中与分包人之间的往来函件、签证、会议纪要等原始书面的证据资料。

（6）在分包工程的工程款经过总包账户情形下，分包合同中还可明确约定，总包人支付分包人工程款应以总包人收到发包人的该部分工程款为前提条件，若分包人在不具备该前提条件的情况下，以任何形式向总包人主张工程款均视为违约，应承担一定数额的违约金。

（7）若必须只与分包人签订分包合同的，应和发包人、分包人明确约定,应付给分包人的资金（工程款）必须先进入总包账户之后再付给分包人，力戒发包人直接付款给分包人，同时可要求分包人提供履约保证金或履约保函。

第二节　专业分包与劳务分包

专业工程分包，是指施工总包单位将其所承包工程中的专业工程发包给具有相应资质的其他建筑业企业完成的活动。

一、专业工程分包合同的主要内容

专业工程分包合同示范文本的结构、主要条款和内容与施工承包合同相似，包括词语定义与解释，双方的一般权利和义务，分包工程的施工进度控制、质量控制、成本控制，分包合同的监督和管理，信息管理，组织和协调，施工安全管理与风险管理等等。分包合同内容的特点是，既要保持与主合同条件中相关分包工程部分规定的一致性，又要区分负责实施分包工程的当事人变更后的两个合同之间的差异。分包合同所采用的语言文字和适用法律、行政法规及工程建设标准一般应与主合同相同。

二、专业工程总包人的主要责任和义务

总包人应提供总包合同（有关承包工程价格的内容除外）供分包人查阅。分包人应全面了解总包合同的各项规定（有关承包工程价格的内容除外）。项目经理应按分包合同的约定，及时向分包人提供所需的指令、批准、图纸并履行其他约定的义务，否则分包人应在约定时间后 24 小时内将具体要求、需要的理由及延误的后果通知总包人，项目经理在收到通知后 48 小时内不予答复，应承担因延误造成的损失。总包人应完成的工作：

（1）向分包人提供与分包工程相关的各种证件、批件和各种相关资料，向分包人提供具备施工条件的施工场地；

（2）组织分包人参与发包人组织的图纸会审，向分包人进行设计图纸的交底；

（3）提供合同专用条款中约定的设备和设施，并承担因此发生的费用；

（4）随时为分包人提供确保分包工程所需要的施工场地和通道等，满足施工运输的需要，保证施工期间的畅通；

（5）负责整个施工场地的管理工作，协调分包人与同一施工场地的其他分包人之间的交叉配合，确保分包人按照经批准的施工组织设计进行施工。

三、专业工程分包人的主要责任和义务

除合同条款另有约定，分包人应履行并承担总包合同中与分包工程有关承包人的所有责任与义务，同时应避免因分包人自身行为或疏漏造成总包人违反总包合同约定的总包人应履行义务的情况发生。分包人须服从总包人转发的发包人或工程师与分包工程有关的指令。未经总包人允许，分包人不得以任何理由与发包人或工程师发生直接的工作关系，分包人不得直接致函发包人或者工程师，也不得直接接受发包人或工程师的指令。如果分包人与发包人或工程师发生工作关系，将被视为违约，并将承担违约责任。就分包工程范围内的有关工作，总包人随时可以向分包人发出指令，分包人应执行总包人根据分包合同所发出的所有指令。分包人拒不执行指令的，总包人可由其他施工单位完成该指令事项，发生的费用从应给付分包人的相应款项中扣除。分包人应完成的工作：

（1）按照分包合同的约定，对分包工程进行设计（分包合同有约定时）、施工、竣工和保修；

（2）按照合同约定的时间，完成规定的设计内容，报承包人确认后在分包工程中使用。报总包人承担由此发生的费用，总包人承担由此发生的费用；

（3）在合同约定的时间内，向总包人提供年、季、月度工程进度计划及相应的进度统计报表；

（4）在合同约定的时间内，向总包人提交详细的施工组织设计，总包人应在专用条款约定的时间内批准，分包人方可执行；

（5）遵守政府有关主管部门对施工场地交通、施工噪声以及环境保护和安全文明生产等的管理规定，按规定办理先关手续，并以书面形式通知总包人，总包人应承担由此发生的费用，因分包人责任造成的罚款除外；

（6）分包人应允许总包人、发包人和工程师及其第三方中的任何一方授权的人员在工作时间内，合理进入分包工程施工场地或材料存放地点，以及施工场地以外与分包合同有关的分包人的任何工作或准备地点，分包人应提供方便；

（7）已竣工工程师未交付总包人之前，分包人应负责已完分包工程的成品保护工作，保护期间发生损坏的，分包人应自费予以修复；总包人要求分包人采取特殊措施保护的工程部位和相应的追加合同价款，双方在合同专用条款内约定。

四、劳务分包合同的重要条款

劳务作业分包，是指总包单位或者专业分包单位（均可视为劳务作业的发包人）将其承包工程中的劳务作业发包给劳务分包单位完成的活动。

劳务分包合同不同于专业分包合同，《建设工程施工劳务分包合同（示范文本）》（2003）中关于劳务分包合同重要条款有：

（1）劳务分包人资质情况；

（2）劳务分包工作对象及提供劳务内容；

（3）分包工作期限；

（4）质量标准；

（5）工程承包人义务；

（6）劳务分包人义务；

（7）材料、设备供应；

（8）保险；

（9）劳务报酬及支付；

（10）工时及工程量的确认；

（11）施工配合；

（12）禁止转包或再分包等。

五、劳务发包人的主要责任和义务

对劳务分包合同条款规定的劳务发包人的主要义务归纳如下：

组建与工程相适应的项目管理班子，全面履行总（分）包合同，组织实施项目管理的各项工作，对工程的工期和质量向发包方负责。负责编制施工组织设计，统一制定各项管理目标，组织编制年、季、月施工计划、物资需求量计划表，实施对工程质量、工期、安全生产、文明施工、计量测量、实验化验的控制、监督、检查和验收。负责工程测量定位、沉降观测、技术交底，组织图纸会审，统一安排技术档案资料的手机及交工验收。按时提供图纸，及时交付材料、设备，所提供的施工机械设备、周转材料、安全设施施工需要。按合同约定，向劳务分包人支付劳动报酬。负责与发包人、监理人、设计及有关部门的联系，协调现场工作关系。劳务发包人应在施工前期完成下列工作：

（1）向劳务分包人交付具备本合同下劳务作业开工条件的施工场地；

（2）满足劳务作业需要的能源供应、通信及施工道路畅通；

（3）向劳务分包人提供相应的工程资料；

（4）向劳务分包人提供生产、生活临时设施。

六、劳务分包人的主要责任和义务

劳务分包人签订劳务分包合同后，需要完成以下工作：

对劳务分包范围内的工程质量向发包人负责，组织具有相应资格证书的熟练工人投入工作；未经劳务发包人授权或允许，不得擅自与发包人及有关部门建立联系；自觉遵守法律法规及有关规章制度。严格按照设计图纸、施工验收规范、有关技术要求及施工组织设计进行组织施工，确保工程质量达到约定的标准。自觉接受劳务分包人及有关部门的管理、监督和检查；接受劳务发包人随时检查其设备、材料保管、使用情况，及其操作人员的有效证件、持证上岗情况；与现场其他单位协调配合，顾全大局。劳务分包人须服从劳务发包人转发的发包人及工程师的指令。除非合同另有约定，劳务分包人应对其作业内容的实施，完工负责，分包人应承担并履行分包合同约定，与劳务作业有关的所有义务及工作程序。

此外，劳务分包单位还应完成：

（1）科学安排作业计划，投入足够的人力、物力，保证工期；

（2）加强安全教育，认真执行安全技术规范，严格遵守安全制度，落实安全措施，确保施工安全；

（3）加强现场管理，严格执行建设主管部门及环保、消防、环卫等有关部门对施工现场的管理规定，做到安全施工；

（4）承担由于自身责任造成的质量修改、返工、工期拖延、安全事故、现场脏乱差造成的损失和各种罚款；

（5）劳务分包企业必须为从事危险作业的职工办理意外伤害保险，并为施工场地内自有人员生命财产和施工机械设备办理保险，支付保险费用。

七、专业分包和劳务分包的区别

从上述叙述中，可以看出专业分包和劳务分包是有较大不同的，但这两种分包形式都是为适应我国建设行业的发展所允许的，有一定的客观必然性。专业分包和劳务分包的主要区别表现在以下几个方面：

（1）劳务分包与工程分包两者涵盖的范围不同。分包合同的内容或者标的不同是两者最主要的区别。劳务分包的内容仅为工程施工中的劳务部分。工程分包则包含完成专业工程的所有工作包括提供专业技术、管理、材料的采购等。工程分包的内容一定包含劳务内容，劳务分包在工程范围内只是工程分包内容的一部分。

（2）法律对劳务分包和专业工程分包的管理不同。《建筑法》中对工程分包有明确规定。要求对分包的工程在承包合同中约定或者得到发包人的同意。虽然目前对劳务分包的规定并没有上升的法律层面，但是最高人民法院在《关于审理建设工程施工合同纠纷案件适用法律问题的解释》中规定"具有劳务作业法定资质的承包人与总承包人、分包人签订的劳务分包合同，当事人以转包建设工程违反法律规定为由请求确认无效的，不予支持"。可见最高人民法院在案件审理中是认可劳务分包行为的。

（3）劳务分包和专业工程分包的主体选择不同。我国对建筑企业施行资质管理制度，对建筑企业的资质分为三个序列，即施工总承包、专业承包、劳务分包资质。劳务分包要求劳务分包企业具有劳务分包资质，依据法律规定其不同资质条件共有木工作业等 13 种。工程分包持有的是专业承包企业的资质，其不同资质条件共有地基与基础工程等 60 种。

（4）劳务分包与工程分包合同标的的指向不同。工程分包合同指向的标的是分部分项工程，计取的是工程款，其表现形式主要体现为包工包料，所有与建筑相关的材料都由施工企业准备提供；劳务分包合同指向的是工程施工的劳务，计取的是人工费，其表现形式主要体现为包工不包料，俗称"包清工"，就是只提供劳务服务，主要是工人们的手工作业。

（5）劳务分包与工程分包能否再转包的资格不同。工程分包允许将其承包的专业工程施工中的劳务分包给劳务分包企业，但是不得将工程本身再分包，该承包企业必须作为主体。而劳务分包企业却不得将其承包的劳务再分包或者转包，只能由其进行具体劳务工作的实施，一旦再分包或者转包就是违法行为。

第三节　总分包冲突的来源及分类

　　总包方和分包方通过签订分包合同确立法律关系。总包方与分包方之间发生的冲突除了类似于发包方和总包方之间的冲突以外，它们还会发生一些完全区别于后者的冲突。在本节中，我们将着重介绍完全具备总分包特色的冲突，项目各方应正确认识这些冲突的鲜明特征，熟悉这些冲突可能发生的背景和时间节点，尤其是项目发包方、总包方和分包方更应了解总分包在合作中随时可能出现的问题，为工作顺利开展做好必要的准备。为了能够更加清晰地认识总包方和分包方之间的冲突，我们将两者之间的冲突与发承包冲突相比较，将总分包冲突分为常规冲突和特有冲突。

一、总分包常规冲突

　　分包方承担了总包方非主体部分的工作，对分包方而言，总包方即为发包方。分包方须按照总包方的要求，保质保量按期完成项目。在分包合同中，总包方会以发包方的要求向分包方提出最基本要求，然后根据自身和项目的实际情况，向分包方提出更多要求。换句话说，分包合同对项目的要求一般要高于总包合同，总包方通过赚取两种合同的差异实现盈利。从该角度看，本应总包方完成的工作改为由分包方完成，总包方与发包方可能发生的冲突同样可能发生在总包方和分包方之间。通常情况下，分包方是在项目施工安装期间才加入进来，这段时间也是总包方和分包方发生冲突最为集中的时间段。与发包方和总包方之间发生的冲突类似，总包方和分包方可能发生的常规冲突包括：（1）分包合同内的项目管理目标冲突，包括项目质量、进度、成本和安全目标，项目管理目标冲突是总分包冲突的核心。（2）组织管理流程。虽然分包方只与总包方签订分包合同，但分包方在整个项目团队中，也是重要的成员是不争的事实。总包方在实际的分包合同管理中，常常会将其他主体的履约情况作为对分包方履约的前提，这容易引起分包方的反感，分包方变更组织流程意愿强烈，双方容易造成冲突。（3）成员个性。分包方与总包方一样，存在着一个主要的负责人，双方负责人因工作需要随机组合在一起搭档工作，个性原因导致双方工作不顺是较为常见的。（4）分包方舞弊。分包方只与总包方存在合同关系，虽然与总包方相比，监理对分包方的监督无论从监督的内容还是监督的深度都有较大不同。这为分包方舞弊提供了制度上的空间，分包方舞弊在实际工作中并不鲜见，一旦舞弊被揭发，总包方也须承担连带责任，双方对此易引起冲突。（5）进度款引起冲突。分包方的进度款需要由总包方拨付，进度款引起的冲突包含两个方面，一是发包方是否严格履约，包括进度款是否按时足额支付、有无刁难分包方的情况；二是分包方是否严格履约，包括工程进度是否合理，进度款是否存在挪用的情况。（6）分包合同的不完备性引起的冲突。分包方只承担部分的工作任务，总包合同一般很难涵盖分包合同所有条款，这就需要总包方和分包方在拟定分包合同时，将所有可能发生的冲突因素考虑进去。工程合同的不完备性决定了双方很有可能因此发生冲突。其他可能存在的冲突。

案例 6-1

某高速公路需要路经一座丘陵，设计方案要求在该丘陵处开挖一条短程隧道，高速公路直接穿越这条短程隧道。经过发包方的认可，总包方将其中的爆破山体，开挖隧道工作分包给了一家专门从事隧道挖掘的甲公司。甲公司与总包方签订了分包合同，要求甲公司与 2015 年 6 月进入工地现场，大约 2016 年 2 月完成隧道开挖清理任务。甲公司按期抵达施工现场开工，施工队很快进入状态，前三个月挖凿工作进展顺利，当时间节点来到 2015 年 10 月，山体爆破遇到了较大困难。当前断面岩体坚硬无比，分包方采取了新的爆破技术并制定了新的施工方案继续爆破挖掘隧道。然而，新的施工方案在施工时并不顺利，这个阶段的施工断断续续，直到 2015 年底隧道开挖工作还一直停滞不前。总包方迫于发包方压力,向分包方发出严正函告,如果分包方因为施工推进不力造成隧道开挖工作延误,给发包方和总包方后续工作带来损失的,将向分包方索偿,并按照分包合同对分包方进行处罚。分包方随即回应称,山体地质状况出现变化,既在意料之外,也在意料之中,发包方不能因此造成的工期延误完全归结到我方技术力量不够,施工组织不力造成的。完全归结我方责任显然不够客观,对总包方的函告持有异议,双方你来我往,口水战不断,最终因此造成隧道开挖工作延误更多。

案例 6-2

某海滩度假项目总共由几个部分组成:前期部分、土建部分、装修装饰、游乐设施采购与安装等。总包方将其中的前期部分和装修装饰部分的工作均以分包的形式分别交由两家公司完成,土建部分和游乐设施作为项目的主体工程则由自己完成,但实际工作却由总包方的两名经验丰富的项目经理负责。从中可以看出,总包方和分包方共有4名主要负责人互相配合工作,人际关系复杂,管理难度大。不久,项目就爆出两名负责人互相诋毁导致工作无法进行,其中一名被辞退;另一名辞职。项目进度因此一度中断,这给游乐项目、发包方、总包方和分包方均带来了不小的损失。从中可以看出,成员个性不合引起的冲突很大程度上源于人力资源管理方面的问题。

案例 6-3

某农田水利设施项目的总包方为当地的一家水利施工甲公司,甲公司将总包合同中的抽水灌溉设备的采购安装分包给了一家专业的乙公司,乙公司的分包行为经过发包方认可。可乙公司在随后的供货和安装时,利用其他各方在专业知识方面的劣势,擅自对关键设备中的核心零部件进行了更换,采用更加廉价,质量较次的零部件代替。总包方、监理方在现场监督检验时,只是粗略地检查了设备的外观和核心功能,并未对其中的核心部件进行验视(不在监理监督的范围)。后设备运行不久,随即发生的问题,发包方邀请专业的检测机构对设备存在问题进行分析，检测机构一致认为问题出在灌溉设备的某个核心零部件，对照市场上同类产品，很显然零部件已被更换过。农田水利设施项目属于公共项目，由于出现问题的设备牵涉的金额过大，当地法院立即立案。发包方、监理方、总包方和分包方都成了被告。案件的关键是如何认定监理方、总包方和分包方的责任问题，分歧很大。在法庭自由辩论环节，监理方认为自己是严格按照监理规范工作，核心部件的监督管理不在其工作范围内，主要责任在发包方和分包方，其中分包方应承担主要责任；总包方认为主要责任在分包方，自己是在安全不知情的情况下，设备核心零件更偷换；分包方则认为，自己行为不当应承担主要责任，但监理和承包方作为直接的监管方，草率监管，负有监管不当责任，责任不可推卸。总包方和分包方为此在法庭上互相揭短，推卸责任，场面一度失控，冲突剧烈。最后，法庭宣判，发包方、监理方负有监督管理不当责任，按国家相关规定对相关责任人进行处罚；总包方负有连带责任，其中，分包方应负主要责任。

二、总分包特有冲突

由于分包方处于管理链条的终端，他和发包方的关系和总包方与发包方的关系有较大的不同。发包方、总包方、分包方依次进行的管理链条决定了发包方不能直接参与管理分包方，也就是所谓的越级管理。越级管理不仅造成合同管理的混乱，对稳定项目管理团队也非常不利，冲突必然发生。（7）发包方和分包方的越级管理惹怒总包方。按照合同规定，发包方不能直接干预分包方的工作，然而现实的情况是分包方与发包方可能建立了千丝万缕的关系，使得分包方不按常理出牌，常常绕开总包方直接与总包方对接。总包方的权力被架空，这势必惹怒总包方，总包方和分包方将会爆发冲突。越级管理可以被认为是一种违约行为。（8）总包方不作为、乱作为。另一种极端是总包方作为三者的中间桥梁，应起到上下沟通协调的作用，但有些总包却不太"给力"。总包方认为将这部分工作分包出去后，就和自己没有多大关系了，当起了甩手掌柜，认为一切事务由监理扛着，工作不

积极、不作为、乱作为现象时有发生。总包方的消极工作给分包方的工作带来了困扰，不仅妨碍了分包方自身利益的实现，而且对项目和其他各方的利益也造成了不可忽视的影响，作为当事人的分包方极有可能与总包方发生冲突。其他可能发生的冲突。

案例 6-4

某市政道路工程共分为污水管网工程、道路工程、亮化工程和绿化工程几个部分。总包方公司甲将其中的亮化工程和绿化工程分别发包给了两家专业分包公司乙和丙。其中丙公司和发包方有多年的合作基础，彼此关系良好。项目开始后，公司丙经常擅自与发包方对接项目业务事宜，关系热火朝天。有一次召开工程例会，发包方提及某项事宜已作出决定时，公司甲一头雾水，而公司丙却表现的心领神会，公司甲意识到自己处境不妙，已基本失去了对分包方的管控。会上，甲公司立即对发包方和公司丙的不满，认为发包方直接管理分包方事宜，将自己推向尴尬的境地；会后，公司甲项目经理立即召见分包方项目经理，严厉斥责分包方不遵守游戏规则，越级管理行为，并要求分包方承诺立即整改，绝不容许再出现越级管理行为，且制定了约束措施。分包方意识到自己行为激怒了总包方，认识到了自己的问题，承诺以后将严格遵守分包合同的各项规定，"安分守己"施工。

案例 6-5

某新建商品房住宅小区发包方在分包合同中规定将水电工程和外墙装饰工程均以专业分包的形式分包了出去。指定 A 公司和 B 公司承接水电工程和外墙装饰工程的施工工作，总包方表示认可。项目在推进过程中，总包方的表现令各方失望，除了在分包方进场施工和关键节点验收时，总包方出过场以外，平时都很少看见总包方施工现场，总包方包而不管的行为引起了发包方和监理方强烈不满，认为总包方作为项目的总负责，日常监管严重缺位，工程质量难以保证。总包方含沙射影地表示，分包方是发包方指定的，现场的监理足够胜任监督管理工作，自己的存在似乎可有可无。B 公司寻找总包方衔接工作时，要么是很难找到总包方的负责人，要么处理事务拖拖拉拉，分包方屡次抗议总包方的行为，甚至将总包方不正常行为诉至发包方，发包方多次警告总包方，如果总包方依旧如故，将会采取措施对总包方进行处理。分包方的行为彻底激怒了总包方，此后的工作中，处处习难分包方，终于在一次进度款申报中，总包方和 B 公司矛盾彻底爆发了。最后，在发包方的协调下，双方的合作关系才勉强得以维持。

三、分包方与其他各方的关系

分包方与总包方签订分包合同，建立了法律意义上的合作关系。通过分包合同对总包方和分包方的权利和义务进行约束，双方一旦发生摩擦冲突，很大程度上可以通过分包合同加以解决。但工程项目建设绝不仅仅只有总包方和分包方，还有发包方、监理方、其他分包方和其他参与主体。分包方与这些主体之间的关系对项目的建设同样至关重要，分析分包方与发包方、监理方、其他分包方之间的关系有利于研究分包方与这些单位之间可能发生的冲突，从而为各方有针对性地提出行之有效的建议。

1. 分包方与发包方之间的关系

首先发包方和分包方之间没有直接的合同关系，在业务上，发包方对分包方没有直接的管理与被管理关系。总包方在确定分包方时，需要得到发包方的认可。分包人须服从总包人转发的发包人与分包工程有关的指令。未经总包人允许，分包人不得以任何理由与发包人发生直接合作联系，分包人不得直接致函发包人，也不得直接接受发包人的指令。如分包人与发包人发生直接工作联系，将被视为违约，并承担违约责任。除了上述总包人委托分包人之外，还存在另外一种确定分包方的形式—指定分包。一般而言，发包方越过总包方直接指定分包方是违法的，属于违法分包。现实的工程项目中，发包方指定分包方的情况比比皆是。由于分包方与发包方的关系密切，导致总包方在对分包方的日常管理中缺乏强有力的管理效果，总包方闹情绪、罢工的现象屡见不鲜。发包方直接指定分包方的弊端显而易见。但如果在分包合同中指定分包方，并经总包方认可，在分包合同中与总包方共同约定管理分包方的办法，只要在实际的管理中严格按照分包合同中约定的条款执行，这样的指定分包行为可以接受。

2. 分包方和监理方的关系

监理方与总包方有严格意义上的监督关系。分包方的工作是由总包方委托出去的，严格意义上讲，分包方的工作应属于总包方的一部分工作，在业务上应受到监理方的严格监督。存在分包方的施工项目给监理方的工作带来了困难，主要原因在于对分包方的监督需要通过总包方来实现，延长管理长度无论对管理效果还是效率来看，均是相当不利的。为了提高对分包方的管理效率，监理方一般会在项目开始前，与发包方、总包方、分包方约定监督管理模式。常见的管理模式有：①监理方、总包方和分包方现场共同管理模式。该模式是指三方共同到施工现场，对某一事务进行监理，在三方共同见证下签字认可；②分包合同约定现场监督事务由监理方和分包方到场即可，监理方及时将监理结果及时告知总包方，必要时总包方应出席现场。这两种模式有一重要的区别就是第二种模式需要总包方授权，认为分包方的行为代表了总包方的施工行为。从中可以看出这两种监管模式均有一个共同点就是无法绕开总包方对分包方进行监管。一旦监理方和分包方发生冲突，均需总包方出面解决。

3. 分包方和其他分包方之间的关系

有些项目不止一个分包方，如果总包方将几项专业工作分别分包给了几个专业的分包商。那么，分包方之间的关系对项目施工非常重要。众所周知，不同分包方的工作是有明显工作界面的。工作界面上的工作衔接需要分包方之间高效协作配合才能将工作处理好。如果分包方之间冲突摩擦不断，不仅给彼此的工作带来麻烦，还会影响到其他项目各方的工作。因此，总包方与各个分包方签订分包合同时，应明确分包界面条款，给出切实可行的处理办法，为分包方之间的高效配合协作奠定合同基础。

四、分包方与其他各方冲突

虽然分包方与发包方、监理方以及其他分包方没有合同关系，但在日常管理中，他们不可避免地要互相接触。分包方与这些主体之间多多少少也会发生一些冲突，这些冲突或许没有总分包冲突来得那么直接和剧烈，但他们对项目和各方造成的影响同样不容忽视。在分包方与发包方、监理方和其他分包方已有的关系基础上，分析他们可能发生的冲突也有非同寻常的意义。

1. 发包方和分包方冲突

在分包合同中，虽然规定总包方直接管理分包方，但现场的发包方代表会直接与分包方一线工人打交道，(9) 难免会对工作不满意之处指指点点，对分包方的工作提出更多要求。通常分包方只会服从其直接的上级单位，对发包方的各种指令不予理会，发包方代表和分包方在现场可能发生言语冲突，不过这种冲突一般会直接转移到总包方身上，他们之间的冲突不太可能持久，影响力也有限。另外，(10) 在工程进度款拨付和结算工程尾款时，发包方和分包方也可能发生冲突。其他可能发生的冲突。

案例 6-6

某地建设系统在接近年底时，各个政府工程项目都忙着年底前的结算。各个项目都赶着在春节前将民工工资发放到位。可是，并不是所有项目都非常顺利，部分项目由于多方面的原因，民工工资并没有发放到位。这些项目的民工先去找他们主管单位，也就是项目的分包方要求发放工资，分包方称人员工资还在总包方，没有结算到位；这些工人又去找总包方要求总包方结算工资，又吃了总包方的闭门羹，总包方称因政府工程审计确认流程多，工程进度款还没有到位，要求工人们直接找项目的业主，政府项目的负责人。气愤的民工们带着难消的怒气冲进发包方办公室大闹，要求相关主管领导给出说法，不然在办公室内静坐抗议，甚至有人已经将此事曝光的电视台，请求媒体曝光此事。发包方与分包方工人冲突持续升级，眼看将此事闹大，发包方领导立即启动应急预警机制，约见相关科室领导召开紧急会议，商讨如何解决这些工人回家过年的工资问题。最后，在政府主管部门领导的指示下，发包方克服一切困难，优先安排了这些项目分包方工人工资的发放。

2. 监理方和分包方冲突

虽然监理规范规定监理方可以对分包方行使监理权，但分包方真正的上级单位是总包方。鉴于此，监理如果直接监督分包方时，有时显得无力，监理方对分包方的行为提出异议时，有些分包方我行我素，不予理会监理方的指令。监理方一方面懊恼无奈，另一方面将矛头指向总包方，这样的监督模式显然效率不够高。（11）监理方对分包方直接发出指令难以奏效时，往往气急败坏，对分包方的有关人员恶语相向，甚至大打出手的现象屡见不鲜。其他可能存在的冲突。

3. 分包方和其他分包方冲突

一般项目只有一个总包方，但可能有多个分包方。因此，分包方之间的相处显得尤为重要。多个分包方一起同事，互相配合默契是关键。不同专业分包方之间存在专业施工界面问题，界面处理不好，冲突就会发生。分包方的协作问题一般会在分包合同有所体现，包括分包方的责任与义务，为配合协作其他分包方应提供的人力、资金、技术等多个方面。分包方互相协作配合产生冲突一般也基于两个因素：一是分包合同；二是关系。前者主要是指（12）分包方是否严格履行分包合同；（13）分包合同是否完备，（14）后者决定了分包方互相配合协作是否积极妥善解决双方存在的争端因素。双方关系好，冲突自然就少；反之，冲突就多。（15）总包方的意愿和态度也是重要影响分包方相处的因素。善于管理总包方能使分包方相安无事地共事，缺乏管理能力的总包方可以把团队带入深渊。

案例 6-7

某地要在某砖窑原址处修建中型农贸市场，首先需要拆除该砖窑，砖窑情况较为复杂，除了两座大烟囱及其附属设施外，周边不远处还有若干个居民小区。总包方将砖窑的爆破拆除工程与农贸市场外围的道路工程分包给两家不同的分包商。由于种种原因，其中一家分包方迟迟未拆除砖窑，而另一家分包单位先期将周边的道路修建完毕了。一段时间后，拆除砖窑的分包方终于进场，制定了周详的烟囱爆破方案。然而意想不到的是爆破方案百密一疏，烟囱爆破后，主体砸在了已完工的道路上，对已完成的路面造成了较大破坏。意外的发生给各方的关系抹上了一层阴影。道路工程分包方认为此次事故在拆除分包方，损失应由拆除方完全承担；拆除方回应称，爆破方案是经过发包方、监理方以及专家委员会论证通过的，此次事故纯属意外，且道路工程分包方未就已修道路进行必要的保护，有一定的责任，损失应由发包方、拆除方以及道路工程分包方三方共担。双方冲突的焦点在道路工程分包方是否应承担一定损失。后经过专家认定，认定此次意外造成的损失主要在发包方，发包方第一责任在两个分包单位进场顺利不合理，这是造成损失的根本原因；第二责任在对爆破方案存在的风险估计不足，道路工程分包方对已完道路未做必要的保护应负一定的责任，应承担一定的损失。关于损失担责比例的划分上，做出以下决定：发包方承担损失的90%；拆除分包方不承担损失；道路分包方承担10%的损失。三方就此决定达成了共识，并将此决定写入了会议纪要。

五、分包方与其他各方冲突的分类

按照冲突的分类方法可以得出，上述分包方与发包方、总包方、监理方以及分包方之间冲突可以按照成因不同、属性不同以及合同和关系要素三大分类标准对冲突进行分类。按照成因不同的标准分类如表6-1，部分事件分类结果存在一定模糊性。

分包方相关冲突在不同成因标准下的分类情况　　　　表 6-1

冲突成因	利益冲突	价值观冲突	认知冲突	目标冲突
常规冲突	（2）（4）（5）	（3）	（5）（6）	（1）
特有冲突	（7）			（8）
与其他主体冲突	（10）（12）（14）	（14）	（13）（14）（15）	（9）（11）（12）

按照属性不同对冲突进行分类如表 6-2。

分包方相关冲突在不同属性标准下的分类情况　　　　表 6-2

冲突属性	资源类	协调类	组织类	客观类
常规冲突	（1）（4）（5）		（2）	（3）（6）
特有冲突		（8）	（7）	
与其他主体冲突	（10）（12）	（9）（11）（14）（15）		（13）

以合同原因为主引起的冲突主要有:（1）（2）（4）（5）（6）（7）（8）（10）（11）（12）（13）;以关系原因为主引起的冲突主要有:（3）（8）（9）（14）（15）。

第四节　分包方相关冲突的管理

　　如果分包方参与项目建设，作为一方主体，他们与其他各方在互动过程中不可避免会产生摩擦和碰撞。有冲突就要管理，有了高效的管理团队才能稳定和谐，项目才能顺利开展下去。如果分包方与总包方、发包方、监理方以及其他分包方之间发生冲突，与不同主体发生冲突应采取不同的策略。

　　在这些冲突中，分包方与总包方发生的冲突最需要分包方重视。发包方是分包方的直接领导，如何管理好与总包方的冲突成了分包方首先需要解决的问题。激化与总包方的冲突只会使自己陷入被动。分包方与总包方互动过程中需要把握尺度，一方面分包方与总包方发生冲突是因为利益诉求得不到实现，进而希望自己受损的利益得到补偿；另一方冲突的发生伴随的是更多利益受损的风险，这之间微妙的平衡需要分包方细细斟酌，把握合适的尺度使自己利益最大化是分包方最需要拿捏的。针对上节中对分包方和发包方之间冲突的分析可以看出，常规冲突和特有冲突的管理路径会有较大的不同。下面，我们将对这两类冲突逐一阐述他们的管理途径。

一、总分包常规冲突的管理途径

　　总分包常规冲突类似于发承包冲突，其管理途径与发承包冲突异曲同工。总包人和分包人作为冲突的当事人应本着有利于冲突的解决、有利于项目建设，尽最大可能平衡各方利益的前提下管理冲突。总分包冲突虽不像发包方、监理方和承包方之间冲突那样对项目影响占据绝对位置，但分包方同样参与了一部分的项目工作，其与总包方的冲突同样不容忽视。总分包冲突主要依靠冲突双方自己协调解决，强调的是自我管理。为了提高冲突的管理效率，最大限度地降低冲突对项目和各方的利益造成的负面影响，整合、宽容和折中是总包方和分包方在管理双方冲突时应考虑的方式。这些应对冲突的方式是积极的，双方本着积极的态度管理冲突取得共赢结果的可能性较大。

在总分包常规冲突中，质量、进度、成本和安全冲突是双方最主要的矛盾，分包合同和总包合同最主要的区别在合同价的不同，总包方一般是从总报价中扣除一定的管理费后，全权交给分包方施工，与总包合同相比，分包合同对质量、进度和安全的要求不仅没有降低，可能反而会有所提高。从该角度看，总包合同与分包合同中对质量、进度、成本和安全的要求是有明显区别的，发包方、监理方和总包方对分包方自觉屏蔽总包合同信息是减少总分包冲突的有效途径。对分包方无障碍披露总包合同信息不利于总包方对分包方的管理。管理流程也是双方矛盾的主要因素，适时考虑分包方的需要，照顾分包方的利益是管理流程优化的主要努力的方向，可以充分减少双方合作中的矛盾和摩擦。个性差异无法避免，也是客观存在的。妥协、包容、让步是化解彼此冲突最为可行和有效的方式。信息不对称情形下，分包方舞弊在项目管理中偶有发生，分包方无视总包方的利益发生的舞弊行为本质上是双方关系出现不良的表现，沟通和利益平衡是避免冲突较为有效的措施。日常往来款项，特别是进度款，关系到分包方能否顺利开展工作的主要因素。总包方对资金的管理应本着有利于分包方工作，充分调动分包方积极性为主，以资金作为制约分包方的手段只会加剧冲突。合同不完备性引起的冲突在总分包冲突占据重要位置，在履行合同过程中，完善分包合同条款，更新分包合同是常用的管理手段，能有效规避一些总分包冲突。

二、总分包特有冲突的管理途径

分包方越级管理和总包方包而不管问题是总分包冲突中特有现象。越级管理一般出现在三个或三个以上管理层级的直线链条上，管理双方绕开中间管理层级，直接对接处理事务的行为。在发包方→总包方→分包方这样的管理链条上，分包方的越级管理是指分包方绕开总包方直接与发包方联系。越级管理是分包合同中明确予以禁止的，这不仅削弱了总包方对分包方的直接管理，分包合同形同虚设，对总包方的工作积极性影响甚大。分包方越级管理的不良行为势必会触犯总包方利益，冲突在所难免。解决越级管理冲突的重点在于三方严守总包合同与分包合同的底线，明确各方责任义务，严厉打击越级管理行为。在三方关系中，发包方的态度最为关键，发包方如果能冷对或排斥越级行为，分包方毫无机会可乘，越级管理行为不可能实现。在发包方支持下，总包方应利用直接管理分包方的有利管理优势，对分包方的越级行为严厉惩处，必要时，清退出场。作为分包方，应自觉遵守分包合同条款，摆正自己在管理链条中的位置，所有与项目建设有关的业务均需与总包方对接，时时公开分包工程中的信息，做到及时、透明、规范。这样，在与总包方的合作中，才能避免冲突的出现。

总包方包而不管的行为引起的冲突的责任方在总包方。部分总包方觉得项目的具体实施单位在分包方，监督项目建设质量有监理方，项目统筹管理有发包方，总包方在面前分包方像个"二婆婆"。管理事务要汇报发包方；项目业务有监理方，这样的管理体制下，总包方地位尴尬，说话没分量。这极有可能打击总包方工作积极性进而放弃自己的职责和义务，当起甩手掌柜。分包方遇到工作消极的总包方，不仅会影响到自身利益，对项目本身也不利，发包方、监理方和分包都不允许这样的总包方存在。冲突随时可能爆发。总包方要把自己当成分包方的业主方，时时刻刻为项目利益着想，为分包方开展工作创造良好工作环境。当分包方遇到工作难题时，应积极为其出谋划策，为分包方当参谋；当分包方与自己的利益冲突时，在不触及自己利益底线的前提下，做出必要的妥协和让步是必要的。总之，总包方作为项目团队必不可少的一方，决不能轻易放弃自己的舞台，于人于己都应积极扮演好自己的角色，为各方顺利完成项目做好自己的本职工作。

三、分包方与其他相关各方冲突的管理

分包方与发包方没有直接的合同关系，也就是说没有直接的利益关系，

他们发生的冲突一般的根源在于总包方，总包方不作为、乱作为导致了分包方利益受损，分包方进而寻求发包方帮助；另外一种情况是，发包方直接监督分包方，分包方不响应或响应不热烈，发生冲突。出于分包方和发包方之间的关系，双方冲突一般强度不剧烈，难以持久，形成的影响是局部的，一般不会对项目的整体造成决定性影响。对这种冲突的管理一般常用的办法是转移矛盾，发包方将冲突焦点转移给总包方，总包方是分包方的"直管"领导，由总包方解决分包方的诉求。如果分包方的利益诉求是合理的，发包方应督促总包方解决分包方的需求；如果分包方的利益诉求是不合理的，对无理取闹的分包方直接予以否决。

分包方与监理方同样没有合同关系。监理规范和分包合同规定分包方应服从监理方的管理，然而现实中，分包方需要面对发包方、监理方和总包方多个"婆婆"的管理，特别是"婆婆们"对同一事务的不同指示深感头疼，尤其是发包方与总包方、监理方的意见不同时，应听从哪方的意见成了分包方最为头疼的问题。在如此矛盾的情形下，分包方与监理方的冲突是可能发生的。为了避免这样的问题，应要求发包方与总包方、监理方划清各自管理界限，分工有序，避免出现冲突指令、矛盾指令等令人无所适从的情况。真正为分包方顺利开展工作创造良好的环境。

分包方与其他分包方的相处同样重要。在上节中，我们分析了分包方与其他分包方一起开展工作时可能发生的冲突。最重要的冲突起因是分包方之间的工作界面划分不清，总包方和分包方除了需要在分包合同中约定各分包方在工作界面衔接工作时的责任与义务外，还需要总包方在管理各分包方时，统筹协调，充分发挥自己是"大老板"的角色，避免各个分包方出现大的冲突影响项目建设。

第七章

项目冲突与绩效

工程项目的冲突与绩效有必然的因果联系，冲突对项目绩效往往产生较大影响。大部分冲突对工程项目造成了明显的负面影响，影响了项目的产出；少数冲突对项目的影响是正面的，不仅没有影响项目的产出，反而促进了项目绩效的提高，这和冲突功能的两面性有直接的关系。此外，项目绩效与个人绩效、团队绩效以及单位绩效也有紧密联系，因此，研究工程项目冲突与绩效之间的关系无论是对项目，还是对相关利益方而言都有重要意义。本章将以项目绩效和利益相关方绩效为出发点，详细论述冲突和这两者之间的关系。

第一节　工程项目绩效

工程项目绩效反映了项目建设效率与成效，是衡量项目建设的重要指标。根据工程项目所具有的特殊属性，工程项目绩效指标包括但不限于项目质量、工期、成本和安全等。根据项目本身的特点和所属地区的不同，绩效指标包含的内涵有所不同，但前述四项指标几乎出现在所有项目指标考核体系中。本章将以项目质量、工期、成本和安全为主线，探讨工程项目绩效与冲突之间的关系。

一、工程项目绩效指标

项目质量指标是指项目在建过程中的施工质量，一般包括过程质量和功能质量两方面。过程质量可以进一步细化为工艺质量、材料质量、环境质量等。工艺质量影响着项目质量，一般而言，施工工艺越先进，项目质量就越高；材料质量是项目质量的基础，材料越先进，项目质量就越高；同时，环境质量对项目质量也有重要影响。在相同工艺条件和材料基础上，科学合理的施工环境对项目质量至关重要。缺乏合适的施工环境，将对项目质量造成致命影响。功能质量是指项目完成后实现预期功能的程度，项目施工不是简单的材料堆砌，而是建立在为了实现一定功能目标，依靠专门的施工技术而进行的有组织活动。因此，在施工过程中，功能目标成了一切活动的目标。然而项目功能的实现不仅仅取决于物质、技术、人力、环境等这些能感知的因素，一些偶然的，不可控的因素同样影响着功能的实现。从一定意义上看，项目功能质量的实现是可控因素（物质、技术、人力、环境）和不可控因素综合的结果。在实际的项目管理活动中，过程质量和功能质量均是管理目标。判断项目质量指标有合格率和优良率两个方面。合格率是下限指标，是项目质量的最低标准，优良率对项目质量提出了更高标准，优良率要求越高的项目，实现的难度越大，需投入的资源越多。

项目工期指项目从开工到竣工，总的持续时间，是项目管理的重要内容。项目工期包括计划工期和实际工期。若计划工期大于实际工期，则项目提前竣工；相反，项目延期。项目提前竣工不仅能节约大量成本，还能为项目后期投入使用赢得宝贵的时间，提前竣工是每个项目业主的愿望；项目延期不仅增加了项目施工的成本，还会打乱后续的工作安排，无形中增加了整个工作计划的成本。项目工期是项目各方重点管理目标，一些项目业主为了追求业绩，千方百计缩短工期，甚至有些业主不惜牺牲项目质量，违反法律法规和项目客观规律盲目缩短工期，对项目质量造成不良影响。

项目成本指完成项目所花费的资金，通俗地说就是项目的造价。项目成本包括预算成本和实际成本，预算成本属于计划成本，通常是指合同造价；实际成本是项目竣工后，经核算整个项目实际花费的成本。若实际成本大于预算成本，则项目超支，用超支率表示；反之，项目节约了成本，用结余率表示。

此外，项目安全不仅关乎个人的生命安全，同时还会威胁社会稳定，因此,项目的安全日益引起建筑行业的重视。建设部门根据项目的具体情况，要求设置安全部门，并配备专职或兼职安全员。一些项目甚至规定安全目标无法实现，项目考核实行一票否决制。项目安全指标主要包括死伤人数、经济损失等内容。随着时间的推移，安全指标已经上升到与质量、工期和成本同等重要的位置。

项目绩效指标不是独立而存在的，而是互相影响。表现在：

（1）项目质量要求越高，工期越长，成本也越高；

（2）人为压缩工期，项目预期完成质量将越高，成本越高，因需增加赶工成本；

（3）科技因素对质量、工期和成本影响甚大。一般而言，科技越先进，项目质量越高，工期越短。

二、项目的短期绩效与最终绩效

根据项目进行的阶段不同，可以将绩效分为短期绩效和最终绩效。短期绩效是指项目经过一个较短的时间后的绩效评价，这里的短期绩效既指某一时间节点上的绩效，也可以指某一时间段内的平均绩效。短期绩效常常用于评价项目阶段性绩效，可用于管理决策评价。最终绩效是指项目完工后，对项目做出最终评价，一般是时间终点节点上的绩效评价。短期绩效和最终绩效在项目管理中常常被使用，前者侧重于项目的控制与决策，后者则侧重于事后分析，两者评价功能有所不同。

案例 7-1

某市商业综合体项目要求工期是一年半，不幸项目在施工到 6 个月时遭遇洪水，洪水肆虐持续了 2 个月导致项目无法施工。业主为了项目能按照工期完工，对项目部团队施加了高压政策，要求项目部取消正常休息日，抢工期。业主代表专门进驻工地负责现场管理，对施工、监理和其他参与单位制定了形象节点控制，并严控成本大幅上升。具体的实施细节为要求项目部以月为单位，倒排项目施工计划，对项目实施工期和成本双对照，每月节点必须完成施工计划任务，否则项目负责人将面临严厉处罚。项目很快进入施工快节奏，10 个月后，项目顺利竣工。

人们最关心的是项目的成本、工期和质量，本案例的控制绩效指标是项目的工期和成本，业主关心的是项目能否按时完成，以及是否会增加成本。因此，项目成本和工期成了管理项目最为有效的工具。在具体操作中，业主制定了详细的实施细节。逐月对照不仅将工期细化到每月，而且还制定了相应的处罚措施，绩效指标逐月对照是短绩效评价的具体应用，在项目管理活动中经常被采用。只有每一期的短期绩效都达到了预定的计划，最终绩效才有按时完成的可能。

第二节　冲突功能与项目绩效

　　本书的第一章详细地阐述了冲突的功能性问题，指出冲突的功能具有两面性。一般认为冲突的功能有积极和消极两方面的作用，冲突的不同功能取决于冲突的种类、项目特点、发生的时间节点、强度、烈度等因素。冲突与项目绩效同样表现出较强的复杂性，有的冲突对项目造成较大负面影响，有的冲突不仅没有对项目造成负面影响，还具有一定的积极作用。因此，深刻认识冲突与项目之间的关系是本书研究冲突问题的出发点和落脚点。

一、冲突的积极功能与项目绩效

　　冲突的积极功能能促进项目绩效的提高，表现为冲突能促进成员沟通，关系融洽，情感上升，目标统一，外在表现为向心力凝聚力进一步增强，项目工作效率迅速提高，项目最终绩效有一定提高。冲突在项目管理中无法避免，如何发挥冲突积极功能为项目管理所用是广大项目管理人员应该认真思索的问题。积极功能的冲突主要来源于两个方面，一是自然发生；二是人为发起。

1. 冲突自然发生

　　项目管理过程中无法避免小摩擦和小碰撞，正是这些摩擦和碰撞给原本沉寂的项目管理团队带来了了解彼此的机会，这些冲突是自然而然发生的。一方面这些冲突能加强沟通，消除误解；另一方面冲突还能给各方提供反思的机会，重新制定管理规则为项目建设注入新的活力。这些冲突一般具有以下特点：①规模较小。自然发生的带有积极功能的冲突一般属于小规模局部冲突，虽然有时也有一定的影响，但总体而言，无论是参与的人数还是影响力而言都不是太大。②可控性与易解性。这些冲突具有的共同特征是由很强的可控性，最后也都能寻找到解决冲突的办法。冲突干预后，很难进一步升级恶化。③突发性。由于冲突在爆发前有很强的隐蔽性特点，管理者很难第一时间察觉那些人有潜在矛盾，这就给管理者在冲突爆发前化解冲突带来了困难。因此，冲突常常表现为在毫无征兆下爆发，且表现形式多样。④易变性。自然发生的冲突起初规模和影响都较小，但若不加以控制干预，冲突的性质可能发生质变，转变为恶性冲突，也就是所谓的消极冲突。

2. 冲突人为发起

有时项目在建设过程中，虽然项目大致能按照原计划执行，但随着时间的推进，项目团队由于缺乏必要的激励，死气沉沉，出现疲劳综合征，效率低下。这时项目管理者有必要制定新的规则和制度，主动激发各方矛盾和冲突，形成新的竞争，冲突激发了团队活力，项目获得了生机。人为发起的冲突一般具有较强的目的性和针对性，总体而言，冲突为某一目标而服务。

不论是自然发生还是人为发起，具有积极功能的冲突虽然在促进项目短期绩效方面很难有效，反而还会降低绩效指标；但对项目最终绩效影响甚大，能明显提高最终绩效指标。表现为缩短了工期、节约了成本。项目管理应在发挥冲突建设性功能方面卜足功夫。

二、冲突的消极功能与项目绩效

除了上述两种情况外，其他绝大多数的冲突无论是对各方，还是项目而言都是有害的。破坏性冲突最大特点是离心作用，各方人心涣散，最为严重的是各方为了各自利益，忽视项目整体利益而互相对立，表现为不合作，互相打压，项目难以进行下去。可想而知，项目绩效将会受到严重影响。由于冲突的作用，一些项目的绩效指标大受影响，急剧下降，有些项目甚至因此崩盘。消极冲突相比较于积极冲突，具有以下特征：①破坏性大。消极冲突不同于积极冲突，它的破坏性不仅仅造成项目短暂的骤停，更为重要的是它能迅速破坏团队的凝聚力，各方对彼此缺乏必需的信任，难以使尽全力建设项目。②难解性和非可控。由于消极冲突普遍存在难以协调管理的问题，有时仅仅依靠团队成员难以解决矛盾，非可控表现为冲突愈演愈烈，有升级恶化的趋势。③危害巨大并且持久。消极冲突首先对项目造成危害，另一特点是对团队成员关系的危害将不可逆转，彼此几乎没有继续合作的可能。此外，消极冲突形成的影响在很长的一段时间内将一直存在，短期内难以消除。可见，消极冲突对项目的绩效影响是巨大的。

第三节 冲突管理与项目绩效

鉴于冲突与项目绩效有着重要联系，那么如何通过冲突管理改善当前项目绩效显得尤为重要。其实冲突管理的目标一方面是为了项目团队能够集中力量建设项目，更重要的目的在于提高项目绩效，促进项目按照计划顺利进行。广义上的"冲突管理"，既包括既有冲突的管理，也包括冲突计划发起、冲突孕育阶段干预，直至冲突后续跟踪等多个阶段的管理。本节所阐述的冲突管理是指狭义上的冲突管理，是指既有冲突管理，也是各阶段冲突管理的重中之重。

一、基于冲突功能两面性的冲突管理

第二节分析了冲突具有两面性的特征，这说明不同功能的冲突的管理策略是不同的。分类策略是冲突管理的一大特征。针对不同类型的冲突采取不同的策略是冲突管理的基本要求。下面将根据冲突的发起及功能的不同，谈一谈如何进行冲突管理。

（1）对于具有积极作用的冲突而言，若自然发生，只需实时观察冲突的进展，冲突管理者需要对冲突进行必要的引导，直至冲突完全结束。若人为发起，需要对冲突进行全程观察，适时对冲突纠偏，防止冲突朝着恶性方向发展，最后需要对冲突产生的效果进行评估，并总结。事实上，在发起冲突前，需要对冲突进行预评估，并对冲突的预期发展进行必要展望。

（2）对于消极冲突而言，首要任务需要对冲突进行识别，冲突管理者需要第一时间对冲突进行初步的干预，防止冲突过快升级，迅速恶化。然后冲突管理者需要第一时间召集冲突干预小组，分析冲突特点，统一思想，制定管理策略。冲突化解后，还需要进一步跟踪观察，清扫冲突遗留角落，尽量将冲突负面影响消除彻底。

二、冲突管理与绩效改进实务操作

在现实的项目管理中，一旦发生冲突，大多数管理者首先想到的是如何化解冲突，认为冲突都是负面的。他们很少能有意识地以辩证的眼光看待冲突进而采取不同的管理策略。既然项目绩效管理是冲突管理的目标，那么应采用何种策略在管理冲突的同时，有针对性地改进绩效呢？常用的方法有跟踪对照法、倒排法、重新调整法。

1. 跟踪对照法

跟踪对照法是指冲突发生后，通过对照实际绩效指标与计划绩效指标，找出差距，有计划地分析冲突因素导致的绩效偏差，并采取针对性措施有意识地控制偏差的方法。跟踪对照法在项目管理活动中属于较为常用的方法，并且在实践中较为有效。该方法适用于一些积极冲突或程度较轻的负面冲突，并且管理者在管理能力范围内能对绩效指标做出调整。若冲突产生了积极影响，只需维持这种影响即可，后续需总结经验，提升冲突管理能力。若冲突产生不太大的负面影响，需对照计划绩效指标，寻找产生偏差的原因，采取措施弥补偏差。

案例 7-2

某污水处理项目在工期进行到三分之一时，周边居民由于不满项目建设，强烈要求项目搬离，由于当地居民的干扰，项目开开停停持续了三个多月，给项目的建设带来了很大的困扰。后经多方斡旋，才逐渐平息了这场风波。但冲突给项目造成的工期延误影响并没有立刻消失。业主为了能够按时完成项目，对照计划节点，要求施工方加大人力，放弃休息时间，将损失的三个多月时间弥补回来。对照每月的节点进度，逐月将丢失的三个月工期抢了回来，最终项目按期完工。

2. 倒排法

倒排法是以原计划为基础，以冲突发生后的当前为起点，重新计算每个计算周期的绩效指标完成量。倒排法与跟踪对照法类似，但也有所不同。相同点是要求最终绩效完成量为目标，不同的是倒排法每个计算周期的完成量是确定的，而跟踪对照法每个计算周期表现出较强的不确定性。倒排法有很强的计划性，跟踪对照法每个计算周期内的绩效完成量具有一定的随意性。

案例 7-3

某城市市政改造工程施工至沿街商铺位置时，遭到了商铺店主的阻挠，他们认为市政改造工程严重影响了店家的经营活动，强烈要求业主方给予一定的补偿，否则阻止项目继续施工。双方你来我往，互不相让，冲突一直持续了两个半月。经过多方说服，双方互让一步，业主同意施工期间补偿涉事店铺每家 5000 元。随后，业主对项目工期进行了倒排，明确了剩余工期内每月的工作量，并对项目的推进情况进行了监督，不久，市政改造工程项目顺利按期完成。

3. 重新调整法

重新调整法是指由于冲突的发生，导致原计划绩效目标已不可能实现，各方商议后，只能重新调整绩效目标。重新调整法一般适用在一些遭受重大冲突的项目，按照原定计划已难以完成项目。重新调整的内容包括但不限于项目的质量、工期、成本等。

案例 7-4

某水果罐头生产销售公司（简称甲公司）原定五年内公司的生产成本

控制在年均3000万元，然而在第二年，国内另一品牌的罐头公司强势崛起，甲公司遇到了前所未有的挑战，为了维持产品的竞争力，甲公司不得不从第二年起每年新增成本1000万元，甲公司的生产成本由于竞争的需要，不得已重新调整成本投入策略。甲公司的重新调整策略是为了适应市场竞争的需要而自发做出的选择。

第四节　利益相关方的绩效

项目的利益相关方是指项目管理团队，包括现场业主、监理、施工及其他参与项目现场实施的单位代表以及以上各单位现场代表所在单位。利益相关方通过完成项目实现自身绩效，项目主管部门通过对项目绩效的考核进而实现对利益相关方绩效的考核。换句话说，项目和利益相关方是捆绑在一起的利益共同体。利益相关方的绩效考核压力是完成项目的原始动力，制定合适的利益相关方的绩效考核标准是项目得以完成，实现项目绩效的基础。

项目的利益相关方大致可以分为两部分，一是与项目直接相关的现场管理团队，其收益和待遇的实现直接和项目挂钩，例如，对项目管理团队的考核直接反映在项目形象节点进度，投资额等指标的完成情况；二是现场代表所在单位的管理层。利益相关方的收益激励一般包括物质激励和精神激励两部分。前者通常包括现金、期权、股票或其他动产和不动产等物质形式；后者通常包括职位擢升、荣誉和名誉等。利益相关方的绩效考核与收益联系起来以后，项目、利益相关方实现了正向激励，项目实现绩效有了制度保障。

案例 7-5

某地发生地震后，伤亡损失惨重。中央政府高度重视，要求党政军各单位高度重视抗震救灾工作。各级党组织动员全国资源参与当地的抗震救灾工作。各地纷纷响应中央号召，纷纷成立医疗小组和临时建设分队参与紧急救援和恢复重建工作。各委派政府和单位把抗震救灾当成一项政治任务，与医疗小组和临时建设分队负责人签订了责任状，要求坚决完成单位委派的救援和援建任务。负责人带着责任和压力奔赴救灾前线，经过半年多的浴血奋战，按期完成了抗震救灾工作，当地党委和政府纷纷发来感谢信，对援建方表示感谢。参与救援和援建的团队也得到了所在单位和地方政府的认可，纷纷给予职位的提升和多项荣誉，在两地形成了较大的政治影响。

一、利益相关方绩效分类

利益相关方绩效与项目绩效既有联系也有区别，两者绩效在内容上有一定重合，但区别也是较为明显的。利益相关方的绩效包括但不限于项目绩效、团队管理绩效，社会声誉绩效等。

1.项目绩效

项目绩效包括项目的进度、质量、成本、安全等多个方面，这些指标也是利益相关方绩效考核的重要内容，是利益相关方绩效考核的基础性指标。在整个考核体系中，项目绩效考核所占比重较大。

2.团队管理绩效

团队管理绩效一般针对团队管理层而言，反映在团队成员绩效程度、团队整体绩效、向心力、积极性等方面。团队管理绩效与项目绩效的不同在于该指标很难定量度量，在实际运用时，主观性较强。

3.社会声誉绩效

工程项目的建设不可能脱离社会环境而存在，项目在建过程中和完工后需要考虑社会环境对项目团队的反馈评价，也就是所谓的社会声誉绩效。社会声誉绩效主要来自政府评价和社会评价两个维度，而对项目团队的评价包括专业技术服务、协调管理能力、项目成果的实现等。

二、利益相关方绩效评价类别

根据利益相关方绩效评价的时间节点、评价内容、评价对象的不同，可以将利益相关方绩效评价分为多个类别。每种类别只是分类的角度不同，实质性的内容并无改变。

1. 短期绩效和最终绩效

与项目的短期绩效和最终绩效类似，利益相关方绩效根据评价的时间节点不同，也存在短期绩效和最终绩效。如果对利益相关方的评价发生在项目建设过程中，则属于短期评价，如果评价发生在项目竣工节点，则评价属于最终评价。对利益相关方的短期/最终绩效评价，有利于管理者及时做出分析，采取措施保证绩效按照预定计划实现。

2. 全面绩效评价和部分绩效评价

对利益相关方绩效的评价内容覆盖得较为全面，则称为全面绩效评价，包含项目绩效、团队管理绩效、社会声誉绩效等多个方面；如果只包含部分内容，则称为部分绩效评价。选择全面还是部分绩效评价取决于项目状况、管理者的考核需要等因素。在实际的运用中，可以根据需要制定更多丰富的规则应对复杂多变的工程情况。

3. 个人绩效评价和团队绩效评价

个人绩效评价一般只针对某一特定人，具有明显的个人特征，在项目团队中，个人能力、禀赋等不同会造成每个人的绩效评价均不相同，甚至还会出现差异很大的情况。个人绩效评价关系到个人的收益，是个人评价的主要依据；相反，团队绩效评价反映的是整个项目团队的绩效情况。一般而言，可以采用总分评价、加权评价或者平均评价等方法进行。在绩效评价中，个人评价和团队评价并不矛盾，甚至是两项可以同时存在的评价手段。两者在激励个人和团队方面，各有优势。在实际的应用中，个人绩效评价和团队绩效评价应用最为普遍。

案例 7-6

某施工队承担了江西与福建交界处的一处高铁高架桥的施工任务，施工队签订的承揽任务明确要求项目要在 11 个月完成，质量标准为良好以上，实际投资额不能超过合同金额的 5%。合同约定内容明确规定了项目绩效的最低标准。项目竣工时，可以按照项目完成绩效情况予以奖励。同时，为了管理项目团队，施工方与项目团队主要成员均签订了协议，将任务进行了分解，对项目的主要成员均制定了考核目标。经过 10 个月的攻坚克难，项目终于完成，工期不仅仅提前了一个月，由于采用了新技术，总投资额还比原定计划节约了 2%，达 400 多万元。项目团队的优异表现，不仅获得了业主的表彰，还获得了近 150 万元的物质奖励。施工方还对团队主要成员进行了褒奖，不仅提升了职位，还获得了每人近 20 万元的奖励。无论是项目团队还是个人，从物质和精神两个方面都获得了大丰收。

祝贺XX项目成功

祝贺XX与XXX同志获奖
奖金：100000

第五节　冲突与利益相关方绩效

冲突与项目绩效有直接联系。若冲突功能是正向的，则能提高项目绩效；若冲突功能是消极的，项目绩效会大受影响。而项目绩效与利益相关方之间的关系属于"一荣俱荣，一损俱损"的关系，这就决定了冲突也会影响利益相关方的收益，冲突的影响不是直接的，而是通过项目绩效间接影响利益相关方利益。那么应如何管理冲突，使得利益相关方利益最大化呢？

一、冲突与利益相关方绩效的关系

冲突属于社会学范畴，冲突本身不与项目直接相关，而是发生在人与人之间的紧张对立的关系。但冲突的发生却间接影响了项目，从而影响了利益相关方的利益。冲突、项目、利益相关方三者之间存在必然的因果关系使得人们自觉意识到冲突管理的重要性。冲突功能存在正面和负面功能的特点决定了冲突对项目绩效和利益相关方绩效同样有促进和消极作用。

图 7-1　冲突、项目绩效和利益相关方绩效的影响路径

二、冲突与利益相关方绩效持续改进

冲突发生后，利益相关方的绩效将受到一些影响。若冲突不及时管理，利益相关方的绩效将受到较大影响。因此，冲突影响下，如何持续改进利益相关方的绩效是一项重要课题。上节已经指出利益相关方的绩效包括但不限于项目绩效、团队管理绩效和社会声誉绩效等几个方面，本节将以这三个方面为主要内容，分析利益相关方如何对绩效作出改进。

1. 项目绩效

项目绩效作为利益相关方绩效的重要内容，受到利益相关方的重视。冲突发生后，管理者一般会采取两种措施应对。一是项目暂停，解决冲突；二是冲突争议暂时搁置，项目推进继续。第一种处理方式出现在冲突焦点较为关键，涉及项目及当事方的核心利益，无法通过搁置冲突使项目继续推进；而后一种适用于冲突焦点不那么关键，较少触及项目及冲突当事方的核心利益，这种处理方式相较于前一种处理方式的重要不同在于其保证了项目的绩效，没有因项目暂停损害了项目的利益。第二种处理方式通过私下化解冲突的方式，能很好保证项目绩效进而保证利益相关方绩效。

2. 团队管理绩效

团队管理绩效反映的是一段时间内团队的管理能力和成果。如果是团队内冲突，管理者应及时干预，尽量将冲突当成是一次改善团队绩效的契机。若是团队外冲突，管理者应加强团队凝聚力培养，一致对外，不仅能够通过"斗争"获取额外收益，还能团结成员，提振军心，将大大提高团队绩效。团队绩效的考核可以通过量化实现，但更多的是定性的评价，归属感、认可度、凝聚力，向心力等均是团队绩效重要的参考指标。

3. 社会声誉绩效

社会声誉反映的是来自社会各方对利益相关方的评价。包括政府和民间两个方面。社会声誉绩效主要体现在利益相关方的专业服务能力，一定程度上可以通过项目的实现水平体现。此外，社会声誉还通过业内口碑，社会美誉度体现。社会声誉绩效一般很难通过定量的形式体现，由于一个项目团队在一定时期内社会评价是相对稳定的，项目的社会声誉绩效一般与该团队正常的社会声誉有紧密联系，也就是说，在面临冲突的状况下，正常的社会声誉水平能保证项目社会声誉绩效评价处在较为稳定的水平。当然，社会声誉绩效建立在正常的声誉的前提下，有较强的累积作用，就是所谓的"老牌子差不到哪里去"。相反，如果多个项目的社会声誉绩效因冲突管理不当造成绩效都处于较低水平，不仅导致项目的社会声誉绩效较低，还会进一步殃及正常社会声誉，就是所谓的"砸牌子"。可见，项目社会声誉绩效与正常社会声誉之间有相互促进的关系。冲突管理时，尤其要重视项目社会声誉绩效，以长远的眼光审视冲突管理的重要性以及在项目管理中的重要地位。

社会声誉本身作为一种软实力，其本身对冲突的预防、管理均有很大促进作用，特别是冲突负面效果的后期消解是社会声誉评价较高主体的巨大优势。其本质是高社会声誉意味着高信任度，是冲突管理成功的重要因素。

后　记

　　冲突在工程项目管理中较为常见，冲突管理效率一定程度上影响着项目管理绩效。鉴于业界冲突管理依旧依赖于感性认识和过往经验，缺乏系统性的理论指导，作者抱着改变这一现状的初衷，历时两年，著作而成《工程项目冲突管理》一书，以飨读者。

　　书籍的撰写过程中，区别于其他专著纯理论论述的方式，采用了论述加案例的形式著述。采用此种叙述模式主要考虑了两个方面，一是该书写作初衷是面向业界广大工程技术人员，希望帮助他们解决冲突管理中面临的难题和种种困惑，增加实际案例，有利于引起读者共鸣，便于读者理解书中理论部分的内容。二是为书中所阐述理论提供现实依据。理论来源于实践，实践出真知，由案例提炼总结而出的学说更具说服力。全书写作过程中，得到了南京航空航天大学多位知名专家的指导，提出了很多宝贵的意见，尤其是李南教授，鼓励作者出版这本专著，在此表示感谢。

　　作者供职的单位浙江广厦建设职业技术学院的领导和同事为本书的修改提供了良好的环境，全力支持本书的出版。中国建筑工业出版社为本书的出版发行做了大量的工作，付出了辛勤的汗水。此外，还有其他同仁为本书的出版提出了很多建设性的意见，因人数较多，不便一一列出，于此一并表示深深的谢意。

　　由于是初版，书中章节的安排，内容的写作存在瑕疵在所难免，恳请广大读者在阅读和使用本书过程中多提宝贵意见，以有利于再版时修订。

作者

2019 年 5 月